EDITORA DO CONHECIMENTO

Auxiliando a humanidade a encontrar a Verdade

História da Umbanda no Brasil
Volume 2

História da Umbanda no Brasil - Vol. 2

Diamantino Fernandes Trindade (org.)

Todos os direitos desta edição reservados à
CONHECIMENTO EDITORIAL LTDA.
Fone/Fax: 19 3451-5440
www.edconhecimento.com.br
vendas@edconhecimento.com.br

Projeto gráfico: Sérgio Carvalho
Ilustração da capa: Banco de imagens

ISBN 978-85-7618-331-0
1ª edição – 2014

• Impresso no Brasil • Presita en Brazilo

Produzido no Departamento Gráfico de
CONHECIMENTO EDITORIAL LTDA
Rua Prof. Paulo Chaves, 276 – 13485-150
Fone: 19 3451-5440 — Limeira – SP

Dados Internacionais de Catalogação na Publicação (CIP)
(Angélica Ilacqua CRB-8 / 7057)

Trindade, Diamantino Fernandes.
História da Umbanda no Brasil - Vol. 2 / Diamantino Fernandes Trindade. — Limeira, SP: Editora do Conhecimento, 2014.
202 p. (Coleção Divina Luz)

ISBN: 97-85-7618-331-0

1. Umbanda - História - Brasil - Jornais 2. Umbanda
I. Ttrindade, Diamantino Fernandes

14-0769 CDD – 133.93

Índice para catálogo sistemático:
1. Obras psicografadas — Umbanda

Diamantino Fernandes Trindade
(organizador)

História da Umbanda no Brasil

Volume 2

A umbanda nos jornais do Rio de Janeiro

Com textos e reportagens de Batista de Oliveira, Sabino Catalini, W. W. da Matta e Silva, Capitão José Alvares Pessoa, João Severino Ramos, Jayme S. Madruga, Lourenço Velho, Yataman, Lilia Ribeiro, Joãozinho da Goméia, Mariza Lira, Ubiratan de Lemos, Adão Lamenza, J. E. Gomes, *Jornal de Umbanda, O Semanário, Diário Carioca, A Noite, A Manhã, Correio da Manhã, O Imparcial, Diário de Notícias, Diário da Noite, Última Hora, O Paiz, O Pasquim, Revista da Semana* e *O Cruzeiro.*

1ª edição 2014

EDITORA DO
CONHECIMENTO

Esta é uma obra de pesquisa e resgate da História da Umbanda realizada em jornais já extintos do Rio de Janeiro. Os direitos autorais são totalmente revertidos para as atividades de caridade.

Apesar de ser apenas o organizador deste resgate da memória umbandista, dedico esta obra aos grandes irmãos e amigos Coronel Carlos Soares Vieira e Cristiam Siqueira, incansáveis pesquisadores da História da Umbanda.

Nossa sincera homenagem à União Espiritista de Umbanda do Brasil (UEUB) e seu presidente Pedro Miranda, pelos inestimáveis serviços prestados à Umbanda.

Nossos sinceros agradecimentos à W.W. da Matta e Silva (Mestre Yapacani), o grande decano que revelou os aspectos esotéricos e iniciáticos desta Umbanda de Todos Nós.

Para Lilia Ribeiro e Leal de Souza, que pavimentaram o caminho para a construção da História da Umbanda.

Sumário

É impossível ao historiador a imparcialidade. Desde a coleta de documentos até a redação do trabalho são feitas escolhas, que não são causais. Qualquer tentativa de escrever sobre um fato ou período histórico envolve seleção, julgamento e pressupostos metodológicos. A História não pode ser nunca puramente descritiva, pois sempre haverá elementos de avaliação em qualquer relato. Sendo assim, o máximo que um historiador pode fazer no seu trabalho é alcançar uma face da verdade, que não é absoluta e sim variável de acordo com as condições que se apresentam no momento da escrita.

Quem não gostar do que um historiador escreve deve procurar textos de outro historiador que escreva aquilo que o seu ego deseja ler.

Introdução

Prezado leitor!

Aqui estamos novamente, dando continuidade ao resgate da memória umbandista, após intensa pesquisa no *Jornal de Umbanda* e outros periódicos como: *O Semanário*, *Diário Carioca*, *Última Hora*, *Diário de Notícias*, *O Imparcial*, *A Noite*, *A Manhã*, *Correio da Manhã*, *Diário da Noite*, *O Paiz*, *O Pasquim*, *O Cruzeiro* e *Revista da Semana*, todos já extintos.

Até o momento, escrevi quatro obras sobre a História da Umbanda:

– *História da Umbanda no Brasil* (**EDITORA DO CONHECIMENTO**).

– *Antonio Eliezer Leal de Souza: o primeiro escritor da Umbanda* (**EDITORA DO CONHECIMENTO**).

– *A Construção Histórica da Literatura Umbandista* (**EDITORA DO CONHECIMENTO**).

– *Memórias da Umbanda do Brasil*, em parceria com Ronaldo Linares (Ícone Editora).

Nesta quinta obra, não me apresento propriamente como autor, mas como pesquisador e organizador de diversos textos históricos perdidos no tempo.

É sempre bom registrar que outra obra importante, de autoria de Alexandre Cumino, está disponível para os leitores: *História da Umbanda – uma religião brasileira*, publicada pela

Madras Editora. Cabe também ressalvar que o caminho para a construção da História da Umbanda foi pavimentado por Leal de Souza e Lilia Ribeiro.[1]

O início da expansão da Umbanda coincidiu com a subida de Getúlio Vargas ao poder, em 1930. O seu regime autoritário se consolidaria em 1937, com a criação do Estado Novo, de características fascistas.

Os primeiros líderes da Umbanda foram direta ou indiretamente defensores desse regime. Alguns terreiros da época exibiam em suas paredes, fotos do ditador.

Apesar do apoio do Governo, os umbandistas sofreram perseguição e repressão, características do Estado Novo, que duraria até 1945. Uma lei de 1934 enquadrava a Umbanda, o Kardecismo, as religiões afro-brasileiras, a Maçonaria etc., na Seção Especial de Costumes e Diversos do Departamento de Tóxicos e Mistificações do Rio de Janeiro. Essa seção lidava com álcool, drogas, jogo e prostituição. Essa lei vigorou até 1964.

Todos esses cultos acabavam sendo vítimas da extorsão, em troca de proteção polícial. A polícia agia, resguardada na justificativa de que a macumba tinha ligações com a subversão e dava cobertura a grupos comunistas.

Um fato importante surgiu dessa repressão. Ela concorreu para a união e organização dos adeptos da Umbanda, para sua própria proteção. O Caboclo das Sete Encruzilhadas iniciou uma nova tarefa, determinando que se fundasse uma organização que abrigasse as tendas de Umbanda. As tendas fundadas pelo Caboclo das Sete Encruzilhadas se reuniram e, com a liderança de Zélio de Moraes, fundaram a Federação Espírita de Umbanda (FEU) com o objetivo principal de oferecer proteção aos seus filiados contra a repressão polícial. Em 1947, a instituição passou a se chamar União Espiritista de Umbanda do Brasil (UEUB), denominação utilizada até hoje.

Em 1949, com a liderança de Zélio de Moraes, a UEUB lançou um periódico denominado *Jornal de Umbanda,* que teve a colaboração de W.W. da Matta e Silva, Capitão José Álvares Pessoa, Olívio Novaes, Floriano Manoel da Fonseca, J. Alves de Oliveira, Reynaldo Xavier de Almeida, João Severino Ramos e

1 Remeto o leitor para a obra *História da Umbanda no Brasil*, **EDITORA DO CONHECIMENTO**.

Cavalcanti Bandeira. Durante duas décadas foi o porta voz da UEUB, além de ser o mais importante veículo de divulgação do Movimento Umbandista da época. O primeiro número foi confeccionado na sede da Tenda Espírita Nossa Senhora da Piedade. Raros exemplares são encontrados atualmente.

A Congregação Espírita Umbandista do Brasil (CEUB), fundada em 20 de janeiro de 1968 por Tata Tancredo da Silva Pinto, possui 45 exemplares do *Jornal de Umbanda* do período de 1953 até 1961. A senhora Fátima Damas, atual presidente da instituição, disponibilizou esse acervo que chegou até as minhas mãos por intermédio do Coronel Carlos Soares, nosso companheiro de pesquisas. Assim, sou o fiel depositário desse incrível acervo histórico.

Esses 45 exemplares constituem uma preciosa amostra do que foi esse importante periódico. Até 1957, período áureo do jornal, o diretor responsável foi Jayme S. Madruga, quando assumiu Floriano Manoel da Fonseca. A partir de então, podemos perceber uma queda significativa na qualidade das matérias. Em 1958 havia uma necessidade visível de divulgar a candidatura de Narciso Cavalcanti, primo de Tenório Cavalcanti, ao legislativo carioca. As suas matérias se faziam presentes constantemente até a eleição. Em 1960 assumiu Reinaldo Xavier de Almeida e já se percebe que o fôlego do periódico não era o mesmo, continuando sua publicação até 1968.

Escolhemos para esta obra de divulgação da Umbanda textos de W. W. da Matta e Silva, João Severino Ramos, Capitão José Alvares Pessoa, Lourenço Velho, Yataman e Jayme S. Madruga, publicados nesse histórico periódico mensal. Apresentamos também uma importante matéria sobre a inauguração da Cabana de Pai Antonio, em 1959 e outra sobre a homenagem a Zélio de Moraes prestada pela UEUB.

O ponto alto do jornal coincide com as publicações de W. W. da Matta e Silva (Mestre Yapacani). Antes da publicação da obra ***Umbanda de Todos Nós***, em 1956, ele escreveu uma importante série de artigos neste periódico entre julho de 1954 e dezembro de 1955. Vários destes artigos foram publicados nos livros ***Umbanda de Todos Nós*** e ***Umbanda do Brasil***. Reproduzimos aqui, os três artigos que não foram publicados nos livros.

Em 1957, Matta e Silva escreveu uma matéria de peso para o periódico carioca *O Semanário*, que também reproduzimos. Em agosto de 1956, Mestre Yapacani publicou pela Gráfica e Editora Esperanto a sua obra prima. Em janeiro de 1956, havia a seguinte matéria paga no *Jornal de Umbanda*:

> EM BREVE
>
> **"Umbanda de todos nós"**
>
> DE
>
> W. W. DA MATTA E SILVA
>
> O LIVRO QUE VEM REVELAR A SUBLIMIDADE DA LEI DE UMBANDA
>
> **AGUARDEM**

João Severino Ramos foi o fundador da Tenda Espírita São Jorge, em 15 de fevereiro de 1935, por determinação do Caboclo das Sete Encruzilhadas. Além de dois textos deste autor publicados no *Jornal de Umbanda*, apresentamos a matéria publicada no Jornal *O Semanário*, em 1957.

O Capitão José Alvares Pessoa fundou a Tenda Espírita São Jerônimo, em 15 de maio de 1935, também por ordens do Caboclo das Sete Encruzilhadas. Reproduzimos três matérias suas, publicadas no *Jornal de Umbanda*, além de duas publicadas no periódico *O Semanário*. Uma delas é a carta que ele dirigiu ao então Presidente da República, Juscelino Kubitschek de Oliveira, reclamando o cumprimento de sua promessa de candidato, de que jamais permitiria a perseguição religiosa no país. No periódico *O Semanário* era o diretor do Movimento Espiritualista Brasileiro.

Como importante resgate histórico destacamos duas reportagens do jornal *Última Hora* de 1983, que destacava a volta do Exu Sete da Lira. Seu Sete da Lira foi o maior fenômeno de massa dos cultos afro-brasileiros. Suas giras chegaram a contar com uma frequência de cinco a trinta mil pessoas. Em agosto de 1971 apresentou-se nos programas do Chacrinha e de Flávio Cavalcanti, causando grandes manifestações contrárias da Imprensa, da Igreja Católica, da ditadura militar e das próprias organizações umbandistas. A partir daí, as perseguições foram intensas e quase caiu no descrédito total. Adão Lamenza dá o seu depoimento sobre a imprensa tendenciosa que atacava à socapa Seu Sete da Lira.

As duas reportagens mostram um possível retorno do Seu Sete que, na verdade, teve pouca repercussão. Alguns meses depois dessa reportagem, o *Jornal do Brasil* trazia uma matéria intitulada "A Lira emudecida" em que dava conta que dona Cacilda de Assis estava residindo em São Paulo, onde uma de suas filhas dirigia a Editora Valença. Ela só ia ao Rio de Janeiro uma vez por mês para a gira do Seu Sete.

Ubiratan de Lemos, na revista *O Cruzeiro*, apresenta reportagem que aborda o descontentamento de Silvio Santos por não ter podido levar Seu Sete da Lira ao seu programa televisivo. O apresentador convidou alguns líderes do candomblé baiano que atacaram Seu Sete e sua missão de caridade. Aí o dendê ferveu!!!

Apresentamos também trechos de uma entrevista com Joãozinho da Goméia, em 1971, no famoso tablóide *O Pasquim*. Joãozinho da Goméia era frontalmente contra a Umbanda. Apesar de ser um dos mais importantes pais de santo do Candomblé, na entrevista deixa claro sua cultura incipiente.

Em 1941 realizou-se no Rio de Janeiro o emblemático Primeiro Congresso Brasileiro do Espiritismo de Umbanda. No meu livro *História da Umbanda no Brasil* há um capítulo bem detalhado sobre o certame. Apresentamos uma consistente matéria de Batista de Oliveira, no *Diário Carioca*, sobre esse importante evento umbandista. Mais interessante ainda é a série de fotos, pertencentes à família de Benjamim Figueiredo, sobre o Congresso e que foram disponibilizadas por Sérgio Navarro Teixeira, da Fraternidade Umbandista Luz de Aruanda. Também os periódicos *O Imparcial* e *Correio da Manhã* traziam matérias sobre o tema.

Orlandino Pimentel (ou Orlandino Cobra Coral) foi um dos mais conceituados sacerdotes da macumba no Rio de Janeiro. A sua vida teve um desfecho trágico com um suicídio em junho de

1949. No primeiro volume desta obra publicamos a reportagem do jornal *A Manhã,* em que havia certa isenção de ânimos e preconceitos quanto ao Pai de Santo. Neste volume publicamos uma matéria do jornal *A Noite* que mostra uma nítida intenção de expor todos os defeitos de Orlandino. "Coisas da Imprensa".

Em 31 de agosto de 1950, o jornal *A Manhã* noticiava a candidatura de Benjamim Figueiredo a vereador do Distrito Federal, pelo Partido Social Democrático (PSD). Benjamim não foi eleito.

O famoso humorista Grande Otelo participou de uma série de reportagens no jornal *Última Hora*, em 1951, onde contava a sua saga pela Umbanda e pelo Candomblé. Apresentamos a matéria em que é feita uma apresentação ao público sobre o teor das reportagens. Ainda de 1951 temos a reportagem de Sabino Catalini intitulada *Umbanda não é Macumba.*

Em 1952, alguns dirigentes umbandistas, ávidos pelo poder temporal, resolveram criar o cargo de Papa de Umbanda. Dois números do *Diário Carioca* registram o evento que, é claro, teve vida curta.

Lilia Ribeiro, uma das percussoras da História da Umbanda escreveu a matéria *Umbanda* no *Diário de Notícias*, em 1970.

Um capítulo aborda a homenagem prestada à Umbanda pelos *Correios*, com o lançamento de um selo comemorativo, o primeiro ao longo da História. Logo em seguida, temos os textos Macumba e Umbanda e O Caboclo Mirim e os doze apóstolos.

Encerramos com uma interessante galerias de imagens.

O foco desta obra não é escrever sobre as biografias dos autores. Para tanto, recomendo a leitura das quatro obras citadas anteriormente. No livro *História da Umbanda no Brasil* temos um capítulo especial intitulado *Umbanda na Mídia.*

Iniciamos a série de reportagens com o anúncio, em 1925, do lançamento do emblemático livro *No mundo dos Espíritos,* de Leal de Souza.

Diamantino Fernandes Trindade

"Que o próximo ano seja para as Tendas da União o de instalações de escolas, sempre mais escolas, o que também é uma forma belíssima de fraternidade"

JORNAL DE UMBANDA

ÓRGÃO NOTICIOSO E DOUTRINÁRIO DA UNIÃO ESPIRITISTA DE UMBANDA DO BRASIL

CINCO ANOS DE VIDA

"Umbanda", Religião Brasileira

JAYME S. MADRUGA

O ESPIRITISMO E A INQUIETAÇÃO MUNDIAL

J. C. MOREIRA GUIMARÃES

A UMBANDA É UMA ESCOLA DE CARIDADE OBJETIVA

JAYME S. MADRUGA

A Religião de Umbanda tem Vida Própria

JAYME S. MADRUGA

EDIÇÃO DE ANIVERSÁRIO

Em dois cadernos

16 páginas

Figura 2: Primeira página do *Jornal de Umbanda* de agosto de 1954

Umbandistas! Sejamos unidos para sermos fortes, porque as perseguições cada vez mais se acentuam, pensando os perseguidores que poderão exterminar a Religião de Umbanda!

JORNAL DE UMBANDA

ÓRGÃO NOTICIOSO E DOUTRINÁRIO DA UNIÃO ESPIRITISTA DE UMBANDA DO BRASIL

NADA DE CONFUSÕES

UNAMO-NOS PARA SERMOS FORTES

OLIVIO NOVAES

"A MAGIA... NA UMBANDA"

Por W. WILSON DA MATTA E SILVA

A Paraíba ainda é Brasil

UM POUCO DE DOUTRINA PARA OS MÉDIUNS DE UMBANDA

LOURENÇO VELHO

O "JORNAL DE UMBANDA" não se responsabiliza pelos conceitos emitidos em artigos assinados

Figura 3: Primeira página do *Jornal de Umbanda* de junho/julho de 1955

Começam a chegar as primeiras respostas ao RECENSEAMENTO UMBANDISTA

JORNAL DE UMBANDA

PREÇO DO EXEMPLAR 4,00

RIO DE JANEIRO — NOVEMBRO, 1957

A UMBANDA ★ Em Foco

TERRENO DILUVIANO

Festa de Obatalá

Á propósito de uma homenagem dos umbandistas á memória de Allan Kardec

Figura 4: Primeira página do *Jornal de Umbanda* de novembro de 1957

16 Pgs.

O SEMANARIO

ANO II ★ Semana de 3 a 10 de Janeiro de 1957 ★ N.º 40

Cr$ 5,00

Passagem de Ano

IEMANJÁ É AINDA A GRANDE ATRAÇÃO

MILHARES DE CARIOCAS PASSARAM O ANO NAS PRAIAS DA ZONA SUL, VENDO OS RITOS DE UMBANDA

Quando a mulher é Fiel Até á Morte

1 Amelia vamos dar um passeio

2

3

4

5 Amelia vamos

6

historieta de Nassara

Figura 5: Primeira página do jornal *O Semanário* de 3 janeiro de 1957 – Fonte: http://obdigital.bn.br

A AREIA DA LAGOA RODRIGO DE FREITAS VENDIDA PARA ATERROS

A Prefeitura Estaria Interessada na Obstrução

Rio de Janeiro, Domingo, 20 de Julho de 1952

Diario Carioca

48 PÁGINAS

O "SANTO" BAIXOU

25.º ANIVERSÁRIO

Novos Cumprimentos ao DIARIO CARIOCA

CABELLO PROMETE UM MERCADO

Nada de Papas e Cardeais na Religião de Umbanda

O Presidente da "Tenda S. Jerônimo" se Opõe à Unificação Das Tendas Espíritas — "Jesus Cristo é o Nosso Único Mestre"

AS TABELAS DE PREÇOS

ORA ESSA

Um Rosário de Irregularidades na Vila Operária Previdencia

E' o Que Diz Antigo Morador Daquele Núcleo Residencial — Uma Comissão de Engenheiros Constatou há Tempos a Péssima Construção Das Casas — Erros Que Não se Consertam há Dezoito Anos

TRANSAÇÕES SUSPEITAS

15.º Aniversário da Associação Brasileira de Propaganda

A Prova do DASP Será em 7 de Setembro...

"Não Podia Haver Data Mais Imprópria". Dizem os Prejudicados

D. DARCY VOA PARA PARIS

Estudantes e o Teatro Municipal

A Herança Militar Não Está Isenta do Impôsto

Parecer da Procuradoria da Fazenda Pública

XV CONGRESSO NACIONAL DE ESTUDANTES

Figura 6: Página 12 do *Diario Carioca* de 20 de julho de 1952 — Fonte: http://obdigital.bn.br.

Quase trinta mil candidatos a um salário de Cr$ 50 mil

Quase 30 mil professores — 536 homens e 27.862 mulheres — cumpriram, ontem, a primeira parte do concurso ao Magistério Municipal. Para a maioria, a prova foi fácil, mas isso não elimina o grau de dificuldade de aprovação: são apenas 700 vagas disponíveis, com salário de Cr$ 50 mil. Página 3.

Belmiro Siqueira, ex-diretor do DASP, exclusivo

Reina o caos no serviço público

Ex-diretor do DASP e, portanto, plenamente qualificado para analisar a situação do funcionalismo federal, o professor Belmiro Siqueira apontou, em depoimento exclusivo a UH, os pontos críticos para os servidores: o novo estatuto, o plano de cargos e vencimentos, o 13º salário e os aumentos anuais. Na sua opinião, um novo estatuto seria dispensável, caso se consolidasse o existente desde 1952. Mas como não acontece nem uma coisa nem outra, o caos reina no serviço público. P. 8.

VOLTA O SEU SETE DA LIRA

Sandra Bréa, segundo Ronaldo Bôscoli

UH Revista

ANO XXXII – Rio de Janeiro, segunda-feira, 17 de janeiro de 1983 – Nº 10.872

Última Hora

Diretor-Presidente: ARY CARVALHO

Redação, Administração e Oficinas: Rua Equador, 702 – RJ – Cr$ 50,00

Rebelião e seqüestro no Hospital Getúlio Vargas

Dois presos internados no Hospital Getúlio Vargas rebelaram-se ontem, desarmaram a segurança e um deles, o assaltante de bancos Carlão, tomou uma paciente como refém, ameaçando matá-la e suicidar-se em seguida. Foram horas de absoluta tensão e a PM chegou a mobilizar atiradores de elite. Página 9.

Depois de dez anos de retiro, dona Cacilda de Assis, o **Seu Sete da Lira**, agora com 63 anos de idade, está de volta: ela permitirá ser vista no próximo domingo, quando será feita a saída da camarinha, no Roncó da Cabocla Jurema, de novas sacerdotisas ou iaôs, iniciadas no rito de umbanda. A cerimônia marcará, também, a ressurreição de **Seu Sete**, fervorosamente aguardada por seus milhares de fiéis. UH Revista

Atlântica e Pirelli decidem vôlei hoje

Esportes, página 11

Prefeituras devem bilhões ao FGTS

Economia, página 6

Gromiko negocia misseis em Bonn

Internacional, pág. 7

Vasco começa 83 arrasando: 10 a zero.

Campeão carioca ano passado, o Vasco iniciou a temporada de 83 disposto a repetir a dose. E ontem, em jogo-treino contra a Seleção de Teresópolis, deu incontestável demonstração de força, goleando por 10 a zero, com cinco gols de Roberto. Dudu, Paulo César, Marquinhos, Gilberto e Ernani completaram o marcador. No Andaraí, a Seleção Carioca de Juniores, com dois expulsos, venceu a do Paraná, por 1 a 0. E hoje, na CBF, Giulite Coutinho tenta a reeleição para mais três anos de mandato. Pela oposição, concorre Rubens Hoffmeister, apoiado por João Havelange. Noticiário de esportes nas páginas 11 e 12.

Figura 7: Primeira página do jornal *Última Hora*, de 17 de janeiro de 1983 – Fonte: http://obdigital.bn.br.

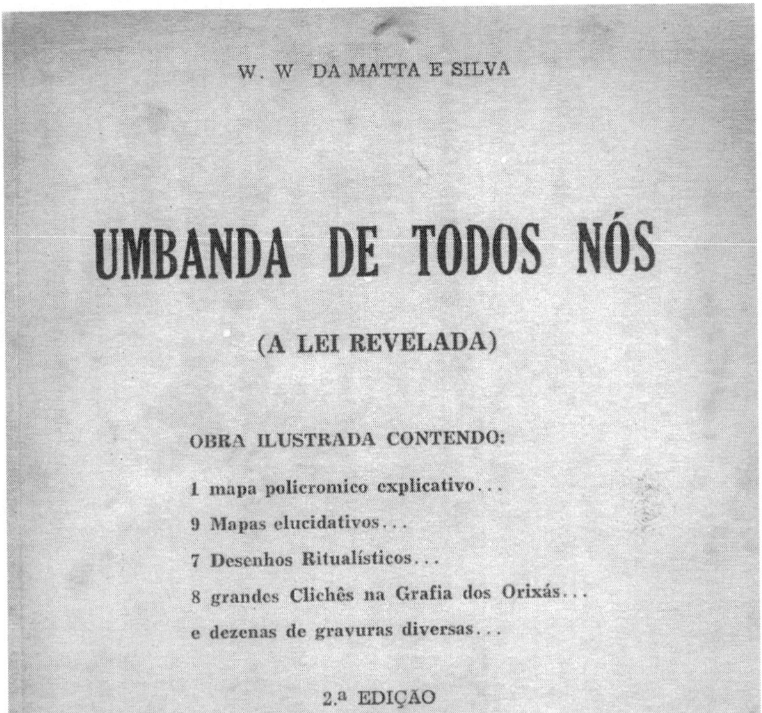

W. W DA MATTA E SILVA

UMBANDA DE TODOS NÓS

(A LEI REVELADA)

OBRA ILUSTRADA CONTENDO:

1 mapa policromico explicativo...

9 Mapas elucidativos...

7 Desenhos Ritualísticos...

8 grandes Clichês na Grafia dos Orixás...

e dezenas de gravuras diversas...

2.ª EDIÇÃO

RETIFICADA

FREITAS BASTOS

Livraria Freitas Bastos S/A.

RIO DE JANEIRO
[illegible]

SÃO PAULO
R. 15 de Novembro, 62/66

1960

Figura 8: Frontispício da segunda edição do livro *Umbanda de Todos Nós*.

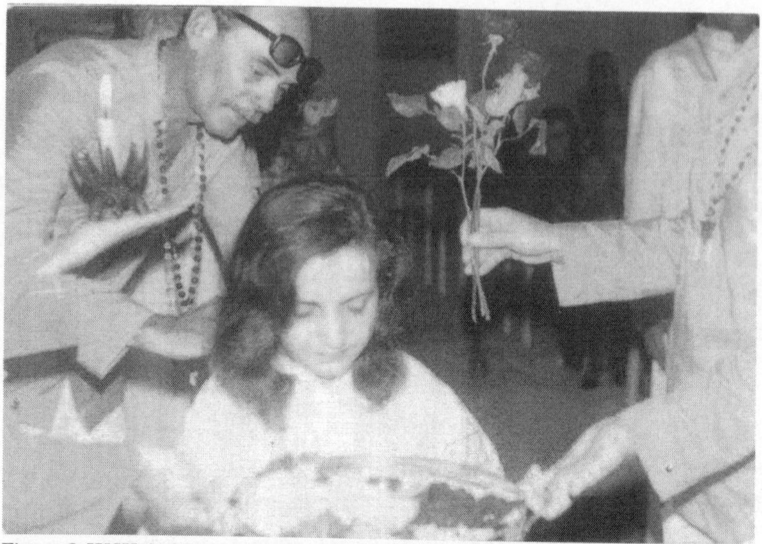

Figura 9: W. W. da Matta e Silva em ritual de consagração de Mãe Marielza (esposa de Pai Jairo) no final da década de 1970.

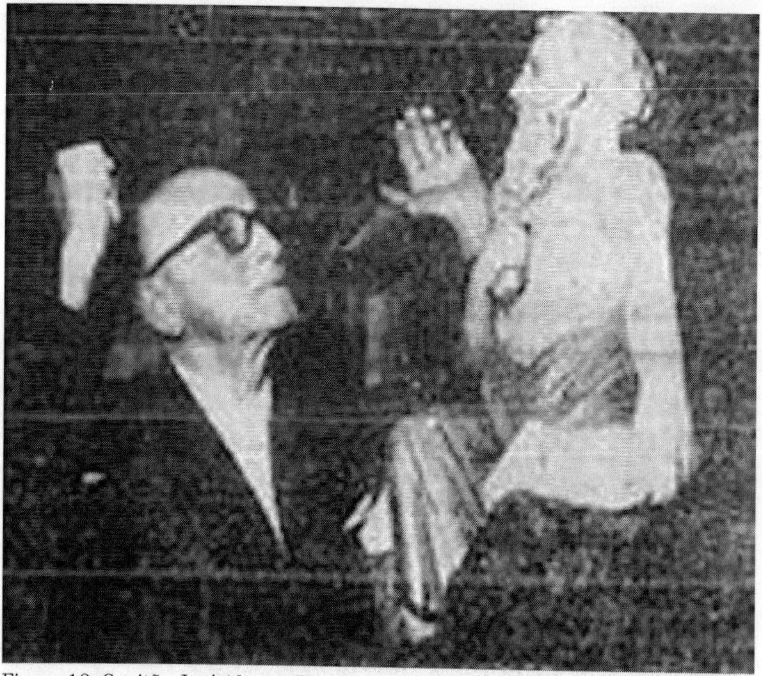

Figura 10: Capitão José Alvares Pessoa em 1958.

O livro do dia

A Noite, **19 de setembro de 1925, n. 4967**

No mundo dos espíritos – Leal de Souza – Oficinas gráficas da *A Noite*

Assunto que divide as opiniões, o espiritismo precisa ser tratado por autoridades que estejam acima da suspeita e em plano superior às insinuações. Religião ou Ciência, pode se afirmar que os assuntos espíritas embora muito conhecidos e divulgados em certos países desde o meio século dezessete, só foi levado a sério depois que Edmonds e Dexter lhe emprestaram o aval da própria autoridade. Por diante, desde então, as investigações desta matéria foram feitas num ambiente mais elevado e mais sério, sem que, entretanto, fosse licito a qualquer um tratar dela, menos porque fosse inacessível à inteligência vulgar, senão porque, justamente, os autores deviam ter elementos de resistência às correntes contrarias, pelas suas credenciais e antecedentes.

Leal de Souza está nestas condições de suficiência mental e moral, e seu livro *No Mundo dos Espíritos*, que acaba de ser publicado, é bem um atestado cheio de eloquência de como ele soube produzir um inquérito sensacional sem comunicar à observação preferência nem repugnância.

Este o valor principal do livro cujo sucesso é desde logo evidente, e do qual falamos com desembaraço, porque Leal de Souza, antes de ser companheiro de trabalho, que sabemos prezar, é o autor do "Bosque Sagrado", cultivando todas as formas de poesia, o escritor de "A mulher na poesia brasileira", de "A romaria da saudade", de "Canções revolucionárias", e de, além disto, páginas que ratificam o fulgor, a inspiração, e brilho daquelas obras magníficas.

Só depois de concluída a famosa enquete, em que Leal de Souza denunciou a frase evidente como o fenômeno inexplicável à primeira vista, o autor veio a converter-se, e se tornou um dos ***leaders*** do espiritismo elevado, praticante e doutrinador.

Somos alheios aos segredos espíritas que os há. Mas, nem por isto queremos divergir de uma questão que impressiona o mundo, e que tem forças e verdades evidentes a ponto de seduzirem temperamentos lúcidos e cultos, experientes e trabalhados pelo estudo, pelas pelejas da vida, enfim, nomes como o de Leal de Souza, que não foi um adesista precipitado, mas tão somente um vencido pelo que lhe pareceu a verdade.

Leal de Souza fez o inquérito sobre o espiritismo, por designação de A NOITE, sem auxiliares nem coadjutores. Foram meses de trabalho incessante, noite e dia, e o resultado aparece, agora, em volume, ao qual o autor deu o mesmo título da reportagem que tanto agitou e sacudiu os ânimos: ***No Mundo dos Espíritos***.

Em todas as livrarias o livro de Leal de Souza está sendo procurado com um interesse que bem poucas vezes se registra nesta capital.

I Congresso Brasileiro do Espiritismo de Umbanda

Correio da Manhã, **10 de julho de 1941, n. 14319**

O programa dos trabalhos

O I Congresso Brasileiro do Espiritismo de Umbanda a reunir-se em outubro próximo no Rio de Janeiro, deverá estudar, debater e aprovar, entre outros, os seguintes pontos fundamentais:

– História – Investigação histórica em torno das práticas espíritas da Umbanda através da antiga civilização, da idade média até os nossos dias, de modo a demonstrar à evidência a sua profunda raiz histórica.

– Filosofia – Coordenação dos princípios filosóficos em que se apoia o Espiritismo de Umbanda, pelo estudo de sua prática nas mais antigas religiões e filosofias conhecidas, e sua comparação com o que vem sendo realizado no Brasil.

– Doutrina – Uniformização dos princípios doutrinários a serem adotados no Espiritismo de Umbanda, pela seleção dos conceitos e recomendações que se apresentarem como merecedores de estudos, para o maior esclarecimento dos seus adeptos.

– Ritual – Coordenação das várias modalidades de trabalho conhecidas, a fim de se proceder à respectiva seleção, e recomendar-se a adoção da que for considerada a melhor delas em todas as tendas de Umbanda. Nesta parte se inclui a organização das sessões, desde a preparação do "terreiro" para trabalhos públicos, de irradiação, desenvolvimento e instrução de médiuns, até o encerramento da sessão.

– Mediunidade – Coordenação das várias modalidades de desenvolvê-la e sua classificação segundo as faculdades e aptidões dos médiuns.

– Chefia espiritual – Coordenação de todas as vibrações em torno de Jesus, cuja similitude no Espiritismo de Umbanda é Oxalá, o seu Chefe supremo.

Um congresso de Umbanda

Reportagem de Batista de Oliveira

Diário Carioca, **12 de setembro de 1941, n. 4061**

A imprensa noticiou, faz pouco tempo, a iniciativa da Federação de Umbanda que resolveu promover a realização, nesta cidade, na segunda quinzena de outubro vindouro, do Primeiro Congresso do Espiritismo de Umbanda. A ideia apenas lançada, caminhou, cresceu, tomou corpo e já se afigura, agora, em condições de transformar-se em realidade.

Não obstante a impropriedade da denominação que lhe deram, denominação oriunda, aliás, da coisa sobre que, deve pronunciar-se esse congresso em projeto, é oportuno e necessário mesmo, como uma tentativa para se dar a essas práticas dos chamados *espíritas de terreiro*, além de um sentido, uma forma que as unifique e harmonize com um principio qualquer que lhes seja oferecido como doutrina. O caos atual é que não deve nem pode mesmo subsistir!

Eu já tive ocasião de dar o meu depoimento a respeito de algumas das principais questões que vão ser examinadas pelo prometido congresso e mais especialmente sobre a natureza dos fenômenos atribuídos à Linha de Umbanda. Hoje eu quero esclarecer de algum modo, o meu pensamento, antecipando assim, a cooperação que foi gentilmente solicitada por um dos mais esforçados organizadores do próximo conclave, o meu ilustre confrade, sr. Diamantino Coelho Fernandes,[1] redator do "O Caminho", órgão também patrocinador da vitoriosa ideia.

Os dois espiritismos

Quem lê, todos os dias, como eu faço por dever de ofício, as pesadas "seções" do Diário Oficial, pode ter uma ideia do número cada vez maior de sociedades espíritas organizadas no Rio. É raro o dia em que não se faz o registro de mais uma, e não obstante os dois setores em que a "doutrina" está dividida entre nós, pois que, além do de "mesa", há também o "espiritismo de linha", todas essas sociedades que se organizam o fazem para "estudar" e difundir as doutrinas espíritas, na "forma codificada" por Allan Kardec.

Pobre Kardec: Nunca te ouvi falar em Xangô nem lobriguei através da tua obra portentosa, o mais leve desejo de ver o espiritismo transformado numa religião, como já se preconiza aqui no Brasil, pois há pouco promovido, não se sabe por que, a Pátria do Evangelho! Querem que Deus seja mesmo brasileiro e que o seu Filho tenha nascido na Bahia. É mais uma espoliação que se faz aos judeus!

Realmente, querido Mestre, o espiritismo avançou demasiado, nestes lados da velha terra de Santa Cruz e até já constatamos, além do alto e do baixo, um espiritismo dito de mesa e outro dito de terreiro e um ainda mais exótico, pois, apesar de se confessar racional e cristão, impugna com aspereza a tua obra e acima de obsedados, os que, como eu, te seguem os sublimes ensinamentos!

Decididamente teremos de arrumar melhor as nossas coisas. O espiritismo, na forma codificada por Allan Kardec, é uma ciência e dessa ciência poderemos tirar como corolários, uma doutrina e uma filosofia.

Ora, como ciência, o espiritismo tem um fim a ser alcançado e para atingi-lo tem necessidade de um meio. Esse fim é a revela-

1 Esclareço que não tenho nenhum grau de parentesco com este importante autor umbandista (nota do organizador).

ção do mundo invisível, o desbravamento do Reino das Sombras e esse meio é a mediunidade. A ciência cujos fundamentos Allan Kardec lançou, não é, não pode nem pretende ser outra coisa. Por meio da mediunidade ela se propõe devassar o ignoto, resolver o problema psíquico, revelar, demonstrando experimentalmente, a existência de um mundo invisível em litígio com o nosso. Nada mais, nada menos. Foi por isso que eu afirmei algures: "O espiritismo é uma ciência, simplesmente, e, como todas as ciências, ele tem um campo de ação e um objetivo".

Que é uma ciência? Até demonstração em contrário, uma ciência é a soma dos conhecimentos adquiridos pelos homens, num determinado sentido, penso eu. A química, por exemplo, é a soma dos conhecimentos adquiridos pelos homens acerca da natureza e constituição íntima dos corpos. O seu campo de ação é a matéria e o seu fim é aprofundar cada vez mais os conhecimentos que já possuímos da natureza física, no duplo aspecto de que ela se acha revestida.

O espiritismo, pois, como ciência, é a soma dos conhecimentos adquiridos pelos homens, sobre a existência do mundo oculto e das relações desse mundo com o mundo em que vivemos. O seu campo de ação é o invisível e a sua finalidade é, justamente, a de aperfeiçoar os meios de que dispomos para essas relações, no sentido de torná-las cada vez mais práticas e reais.

A astronomia descobre o céu e investiga as leis profundas sob cujo império os astros se movimentam ao longo das respectivas órbitas... O espiritismo descobre o astral e investiga as leis fatais do possível intercâmbio entre os dois mundos: o dos mortos e o dos vivos.

Gabriel Delane, Leon Denis e Flamarion nos falam do corolário moral decorrente das investigações espíritas, dos ensinamentos oferecidos aos vivos pelos que transpuseram as fronteiras da morte. Esse corolário, porém, não nos autoriza a emprestar à doutrina, um caráter místico, uma feição religiosa.

Devíamos, pelo contrário, meditando sobre a transcendência de tais ensinamentos, encarar o espiritismo sob o ponto de vista puramente científico e, coerentes com ele, pautar a nossa vida e os nossos atos pelo critério da sua filosofia. Sob este aspecto científico-filosófico, convenhamos o espiritismo vale muito mais.

Equidistante das religiões, temo-lo mais ao abrigo das interpretações falsas e dos prejuízos e, como as nossas ideias são como as nossas vaidades, mutáveis e perecíveis, deixemos cada crente com seu credo, certos de que toda religião é boa, quando tem por fim melhorar o indivíduo e aproximá-lo de Deus. É esse o papel de quase todas.

O espiritismo é uma ciência de limitados horizontes. Podemos pô-lo ao serviço das religiões, isto sim, para orientá-las e, sobretudo, para esclarecê-las nunca, porém, o confundindo com elas, emprestando ao analista os atributos e a natureza da coisa analisada.

Assim, a doutrina espírita tem uma ascendência maior, cresce a sua autoridade e a sua palavra não sofrerá a suspeição que, de outro modo, lhe seria com justiça, aplicada.

A linha de Umbanda

No mês de abril do corrente ano, tendendo às instâncias do diretor de uma das nossas revistas espíritas, eu publiquei um artigo em que, descrevendo um dos sete pontos de que a Linha de Umbanda se constitui, procurei fixar-lhe a verdadeira feição. Já num estudo anteriormente publicado na mesma revista, eu havia firmado o principio: Umbanda é ritual. Hoje eu acrescento ao enunciado: Se é ritual é magia.

De acordo com as tendências e com a orientação que me sejam dadas observar no congresso em preparo, eu formularei e lhe remeterei uma indicação propondo seja declarado que Umbanda não é espiritismo, porque de outro modo não lhe poderemos dar a feição própria dentro dos limites definidos por seus próprios ideais.

Ritual e consequentemente magia, Umbanda não se propõe como o espiritismo, revelar o mundo invisível, por conduto da mediunidade. No plano geral da evolução dos espíritos, ela já representa um passo mais avançado, está mais a frente e necessariamente mais ao alto. Os seus adeptos só podem ser recrutados entre aqueles para os quais esse mundo invisível já se tenha revelado e que por isso mesmo, procuram soluções para problemas de uma ordem mais elevada.

O espiritismo deve ser o agente de aliciação e de preparação inicial dos elementos, que, uma vez ingressados em Umbanda, a sua caminhada no plano que lhe tenha cabido realizar.

No antigo Egito, o adepto só podia ser admitido à iniciação, depois de ser resolvida a questão proposta pela Esfinge. No nosso tempo, a solução desse problema cabe ao espiritismo. A ele que é a ciência, cumpre investigar porque a Umbanda, que é magia, cumpre realizar.

Sob este duplo aspecto, o espiritismo e a Umbanda formariam, e formam de fato, para os verdadeiros iniciados, num todo harmônico, os dois lados da ***grande ciência*** o esotérico e o exotérico, o oculto e o revelado, este facultado a todos, mas aquele absolutamente defeso aos profanos.

A confusão reinante

A confusão campeia nos nossos centros, tendas, cabanas e o que mais seja.

Aqui a ciência espírita tem uma forma puramente moral como se o contato com um defunto, através de um instrumento sempre duvidoso como é o médium, fosse o bastante para transformar o indivíduo tornando-o melhor; ali, o sentido da caridade matou por completo o interesse científico da questão e até parece um monopólio dos espíritas, a prática do bem: além, e isto é o pior, as sessões se transformam num passatempo. Há ***espetáculos*** familiares e ***funções***[2] públicas e os assistentes riem, ou choram, por vezes conforme as situações ridículas dos comediantes, ou os lances épicos da tragédia, esquecidos, quase sempre de que a farsa é o fundo de todas as representações.

O racionalismo necessário

Eu faço votos para que, no meio de uma das reuniões do congresso projetado, pelo menos uma voz se faça ouvir concla-

2 Termo usado na época para sessão de circo (nota do organizador).

mando alto: Senhores, precisamos indagar o porquê de tudo isto e se chegarmos à conclusão de que nos é vedado o conhecimento do principio que nos interessa peçamos então, que nos instruam, pelo menos, a respeito de como indispensável à norma da nossa ação.

Não podemos nem devemos continuar assim, nas trevas de olhos voluntariamente vendados, às apalpadelas e conduzidos por guias que até hoje não patentearam por qualquer modo, a sua capacidade para nos orientar e esclarecer, pois continuamos a ignorar o que somos e para onde vamos dentro desse conjunto de coisas constitutivas da Linha de Umbanda.

Quem sabe por ai, o que é ***Euxoce***, a função de Ogum ou a natureza de Xangô? Sabemos por acaso o que procuramos? E deveremos continuar a procurar, em tais condições?

O conceito astrológico se impõe

A astrologia há pouco mais de uma dezena de anos está um caos assim como a Linha de Umbanda. Todos a praticavam, mas ninguém a compreendia. O movimento astrológico, em todo o mundo, era animado por um sem número de curiosos e de inconscientes de mérito da questão que se buscava resolver.

Um dia, porém, no meio da conformação geral dos satisfeitos com o estado de coisas reinantes, surgiu um desses descontentes e interrogadores, em franca oposição com as receitas correntes.

Esse homem de espírito reclamava o porquê, pedia os princípios. As práticas em uso não lhe pareciam justificadas. E viu, desde logo, a ausência de qualquer fundamento lógico que as pudesse recomendar.

Hoje, devemos à insatisfação de um impertinente e iconoclasta, as magnificas realizações da astrologia racional e científica e principalmente esse gigantesco monumento de verdade e sabedoria representado pelas Leis Evolutivas, leis pelas quais chegamos ao redescobrimento dos princípios em que se fundam as leis gerais da ciência dos astros.

Umbanda está reclamando o aparecimento de um homem

assim, de um descontente com o estado de coisas atual e que lhe procure a razão ou que lhe de uma forma ou que lhe trace um rumo, definindo lhe os propósitos e os objetivos.[3]

O ponto das Almas

A nossa literatura relacionada à Linha de Umbanda não vale uma referência, pois lhe falta qualquer expressão.[4] O assunto pode-se considerar virgem ainda. Nunca foi abordado no nosso meio e por isso é delicada e suma importância a tarefa do Primeiro Congresso Brasileiro do Espiritismo de Umbanda, porque milhares de pessoas, no Rio e no resto do país, se acham ligadas de qualquer modo ao "espiritismo de terreiro", podendo notar-se mesmo, nos costumes das classes médias cariocas, um gosto muito particular pelas "práticas dos caboclos".

Com o intuito de dar às pessoas que se interessam por essa espécie de manifestações espíritas, uma ideia do que deve ser na verdade, a Linha de Umbanda, e para apontar ao mesmo tempo, os erros e a falsidade que, em proporções alarmantes, se praticam por aí, eu vou reproduzir o meu antigo escrito acerca do "Ponto das Almas". Os leitores poderão ver, na ligeira amostra que lhes ofereço, como se projeta sobre o cenário desse mal crismado "Espiritismo de Linha", uma luz nova e como se lhe pode pressentir um sistema capaz de nos dar, com a ideia de sua significação, a ideia de sua extraordinária grandeza.

A confusão dos nossos 'Filhos de Umbanda' começa logo no enunciado do seu culto. Falam-nos de LINHAS de Umbanda, como se uma linha pudesse ser constituída de outras linhas, contrariamente à definição universal da geometria, a propósito da natureza e da função do ponto. Umbanda é uma linha e, como tal, já se constitui de pontos. Esses pontos são em número de sete, representando esse total, o CARRO DE ISIS, o TRIUNFO, ou seja, o trono de HÓRUS ou OXALÁ.

---

3 Esse homem apareceu. Era W. W. da Matta e Silva, mas poucos estavam preparados para os verdadeiros fundamentos, esotéricos e iniciáticos da Umbanda e foi rechaçado com firmeza pela maioria irracional do Movimento Umbandista (nota do organizador).

4 Nesse momento o único livro de porte era *O Espiritismo, a Magia e as Sete Linhas da Umbanda*, de Leal de Souza (nota do organizador).

O "ponto" de que vou me ocupar é o primeiro número um, ponto denominado A PORTA, porque, no ritual, ele é a entrada para iniciação.

Depois da LUZ INICIAL, esse ponto deve ser revelado e então passamos a designá-lo por PONTO DAS ALMAS. Alguém o chama igualmente de PONTO DOS SANTOS, o que não se justifica, pois se trata de um ponto material e consequentemente inferior. Fixemos as coisas: PONTO DAS ALMAS – o seu número é o número um, o seu nome é a PORTA, a sua natureza é a *polaridade*, o seu símbolo é o "ponto", o som que distingue, é o cantochão. Sua nota é o "Dó". Pode ser riscado na terra e a leste, voltado para a "luz".

Já começamos a compreender a grandeza e a magnificência de Umbanda. Já lhe prevemos um sentido, verificando que ela não se resume nessas FANTASIAS BÁRBARAS de pseudodiretores travestidos de CAVALOS BRANCOS, às ordens do pai.

O PONTO DAS ALMAS é duplo na sua contextura, é material e inferior, marcando o primeiro passo da terceira etapa de nossa evolução. O seu fundamento cosmo-biológico nos é dado pela ciência-mãe, a astrologia – ciência depositária das sete chaves de todas as iniciações, as mais antigas.

É preciso fazer-se um pouco de luz no meio dessa terrível confusão que a ignorância nos causou, restabelecendo a lógica das leis astrais e a imutabilidade dos rígidos princípios que governam o mundo nos três planos em que se acha dividida a natureza, o físico, o astral e o mental.

O PONTO DAS ALMAS É O LIMIAR do "Terreiro", pois é por ele, que se penetra no "ambiente" para receber-se a luz.

Riscado sob a égide do planeta SATURNO dignificado no seu duplo trono, esse ponto representa na verdade, a "entrada".

Se aludimos às almas, ele simboliza o seu ingresso, pela reencarnação, no nosso mundo, para uma nova vida. Se nos referirmos, porém, ao espírito ele nos fala do movimento inicial de todos os que se voltam para a espiritualidade, para a luz e para o *saber*.

O PONTO DAS ALMAS significa assim, a matéria bruta e corresponde ao grau de aprendiz da antiga iniciação egípcia. Todos quantos se acercam dele o fazem sob o influxo astral de

SATURNO, o implacável Deus do Tempo, aquele que devorava os próprios filhos para que se cumprisse a lei da evolução.

Trata-se evidentemente, de um ponto de ***Dores*** e ***Sofrimentos***, pois que representa, pelo signo aéreo de Aquário, a expiação, a descida voluntária que se faz para a remissão de uma falta. Pelo signo térreo do Capricórnio, essa descida não é voluntária, mas imposta aos recalcitrantes e aos empedernidos, aos corações e aos espíritos ainda não despertos pela dor, instrumento universal de toda a perfeição.

Precisamos restaurar a Linha Branca de Umbanda, na sua majestade e no seu profundo sentido esotérico, repondo-a na sua função de educação e de aperfeiçoamento. Impõe-se a prática de sua ordenação racional com a pompa que o ritual nos prescreve, pois só assim nos poderão ser propiciadas seguras oportunidades para a observação de fenômenos capazes de nos transportar, pela clareza com que se resolvem todas as dúvidas e as reservas que ainda possamos ter acerca do grande mistério que o "além-túmulo" representa para nós. Encontrarei alguém que me acompanhe e melhor ainda, que me auxilie nesse empreendimento?

No dia em que se organizar um TERREIRO onde os "sete pontos" de Umbanda se disponham simetricamente, de acordo com a orientação do EIXO DAS DIGNIDADES PLANETÁRIAS, ficando os pontos materiais no semicírculo de Saturno e os espirituais no semicírculo de HÓRUS ou OXALÁ, dispostas as polaridades em forma e dirigidos os influxos em correntes harmônicas por ordem das triplicidades respectivas, nesse dia o astral se revelará e então veremos Xangô, Ogum Nhan-San, Euxoce e Iemanjá, formando um todo imponente, em perfeita correspondência num mesmo plano, formando a GRANDE LINHA BRANCA DE UMBANDA das almas evoluídas, na movimentação rítmica de todos os seus plexos.

Sim, nesse dia teremos erguido mais um pouco o véu de Isis e de posse de todas as armas de Umbanda, poderemos partir para a DEMANDA, certos de poder enfrentar e bater, as falanges aguerridas de EXU.

Figura 11: Aspecto do Grande Salão da Federação no dia da instalação do Congresso, em 1941. — Fotos da Família Figueiredo. Fonte: Sérgio Navarro Teixeira (*http://fraternidadeumbandistaluzdearuanda.blogspot.com.br*)

Figura 12: O Sr. Diamantino Coelho Fernandes, delegado da Tenda Espírita Mirim, apresentando a tese intitulada "O Espiritismo de Umbanda na evolução dos povos". — Fotos da Família Figueiredo. Fonte: Sérgio Navarro Teixeira (*http://fraternidadeumbandistaluzdearuanda.blogspot.com.br*)

Figura 13: Dr. Jayme Madruga, delegado da Tenda Espírita São Jerônimo, apresentando a tese intitulada "A liberdade religiosa no Brasil e o Espiritismo perante as leis". — Fotos da Família Figueiredo. Fonte: Sérgio Navarro Teixeira (*http://fraternidadeumbandistaluzdearuanda.blogspot.com.br*)

Figura 14: O Sr. Eurico Lagden Moerbeck, delegado da Tenda Espírita Fé e Humildade, apresentando a tese intitulada "Banhos de descarga e defumadores" — Fotos da Família Figueiredo. Fonte: Sérgio Navarro Teixeira (*http://fraternidadeumbandistaluzdearuanda.blogspot.com.br*)

Figura 15: Salão durante a reunião do dia 23 de outubro de 1941 — Fotos da Família Figueiredo. Fonte: Sérgio Navarro Teixeira (*http://fraternidadeumbandistaluzdearuanda.blogspot.com.br*)

Figura 16: O professor Lourenço Braga lendo um extrato do seu livro "Umbanda e Quimbanda" — Fotos da Família Figueiredo. Fonte: Sérgio Navarro Teixeira (*http://fraternidadeumbandistaluzdearuanda.blogspot.com.br*)

Reunidos em assembleia caboclos e africanos

Instala-se hoje o Primeiro Congresso Brasileiro do Espiritismo de Umbanda

O Imparcial, **19 de outubro de 1941, n. 1964**

Por iniciativa da Federação Espírita de Umbanda, e na sua sede, à Rua General Câmara, 313, instala-se hoje, às 20 horas o Primeiro Congresso Brasileiro do Espiritismo de Umbanda, durante o qual serão estudados a codificação, a história, a filosofia, o ritual, a mediunidade e a chefia espiritual desta doutrina.

Guiados pelo convite com que fomos distinguidos para esse congresso, procuramos o presidente de sua comissão organizadora, o advogado Jayme Madruga, a fim de pedir-lhe, para os leitores de O IMPARCIAL, uma exposição dos objetivos dessa reunião dos praticantes. O operoso causídico, que também é o primeiro vice-presidente da Federação Espírita de Umbanda e presidente da Tenda São Jerônimo, gentilmente aquiesceu nosso desejo, esclarecendo, de início.

– Eu preferiria falar na presença dos meus companheiros de comissão, Alfredo Rego, funcionário do Ministério da Educação e Saúde e Diamantino Fernandes, seu colega de imprensa, chefe de publicidade do "Jornal do Comércio". Mas, na ausência deles, e dada à urgência que me alega, estou à sua disposição.

Depois de nos informar que mais de trinta centros e tendas espíritas de Umbanda estão inscritos como membros efetivos do congresso, representando seguidores da doutrina desta capital, do Estado do Rio, de São Paulo, da Bahia, de Pernambuco etc. e que são inúmeras também as inscrições individuais, positivou o Dr. Jayme Madruga.

– O congresso proposto e organizado com os melhores índices de sucesso pela Federação Espírita de Umbanda, tem vários objetivos imediatos, todos eles igualmente importantes. Preliminarmente desejamos anular as prevenções que pessoas pouco informadas a respeito da lei de Umbanda ainda nutrem sobre a inteligência e o grau de cultura de seus filiados.

O espiritismo de Umbanda é uma religião com mais de dez mil anos de existência e durante todos estes milênios foi seguida por homens cultos, como ainda hoje podemos ver, pertencentes às mais cultas classes sociais. O presidente da nossa Federação, o Sr. Eurico Lagden Moerbeck, é um ativo e eficiente servidor do Estado, como chefe de seção do Departamento dos Correios e Telégrafos. Inteligências brilhantes apresentarão durante o congresso teses de valor mental indiscutível, acudindo-nos à lembrança, entre outros, o nome do Dr. Mauricio Marques Lisboa, advogado e jornalista, secretário da Agência Havas, que não se constrange, mas antes tem a maior satisfação de ser conhecido como segundo vice-presidente da nossa Federação e presidente da Tenda de Santa Bárbara. Não se trata, portanto de ignorantes, e nem se assim fosse poderia eu apresentar-lhes uma tese, como o farei, com o título de: "A liberdade religiosa no Brasil e o espiritismo em suas modalidades perante as leis". Cito a minha tese, apenas para mostrar a seriedade dos assuntos que nos ocuparão no decorrer do congresso. Os outros versarão pontos de história, filosofia etc., por ventura mais profundos do que esse com que ocuparei a atenção dos congressistas.

Brasil: guia espiritual do mundo

Prosseguindo, acentuou o nosso entrevistado:

– A civilização segue a marcha do sol e a sua evolução já

chegou até nós. A Europa teve a sua hora. Agora é a América que conduz o mundo. Os Estados Unidos tem a força material; a mentalidade utilitária do seu povo coloca num segundo plano os problemas do espírito. O primado espiritual da humanidade, se ainda não é inteiramente do Brasil, chegará a sê-lo muito proximamente. Somos hoje o povo mais idealista, mais espiritualista de todo o mundo. E nisto devemos ver uma predestinação preparada com os homens primitivos que aqui viveram, os selvagens e os escravos que, de acordo com a doutrina espírita, viveram vidas anteriores, em condições sociais diferentes, como poderão já estar de novo reencarnados entre nós mesmos ou em terras distantes.

Umbanda e Quimbanda

Após uma ligeira pausa, prosseguiu o presidente da Tenda São Jerônimo, oferecendo-nos uma lição de etimologia:

– Umbanda originariamente se compõe de "Um" ou "Om" ou ainda "Aum" que significa "Deus", ou "enviado de Deus", fonte do Bem, desde muito temos que Um-banda é da "banda de Deus", da "banda do Bem". É a magia branca do vulgo. Em contraposição, "Qui", representação do Mal, é o prefixo de Quimbanda, a "magia negra" orientada pela força do Mal. Não faço esta divagação etimológica sem razão. O que quero é tornar mais sensível a distinção, que o povo dificilmente concebe, entre "magia branca" e "magia negra". Mas essa distinção é fácil e se revela elementarmente. A "magia branca" é praticada com um sentido puramente espiritual e visando o bem; os seus agentes nada recebem pelo seu trabalho e os associados das tendas não são compelidos nem ao pagamento de uma mensalidade, qualquer contribuição que façam para os serviços da sede social sendo francamente espontâneos. Ao contrário, os que praticam a "magia negra" exigem pago imediato e no seu materialismo não trepidam em provocar qualquer malefício.

Compreendendo esta clara diferença é que o poder público tolera o espiritismo de Umbanda, a "magia branca", e reprime energicamente o baixo e perverso espiritismo da "magia negra".

Ainda há pouco o major Chefe de Polícia, contrariando a opinião de um comissário de polícia, que negara licença para funcionamento de uma tenda de Umbanda, no seu Distrito, despachou favoravelmente a petição dos interessados, afirmando que a Constituição garante a liberdade de religião.

Umbanda e outras religiões

Passou, em seguida, o Dr. Jayme Madruga a desenvolver um interessante ponto de história das religiões, dizendo:

– O espiritismo de Umbanda é uma doutrina e uma prática religiosa que remonta às mais antigas e límpidas fontes da formação espiritual da humanidade. Nela se inspiram todas as outras religiões, que lhe são posteriores. Os mais antigos povos praticaram a "magia branca", com o mesmo virtual espírito religioso com que ainda o fazemos: os egípcios, os abissínios, os gregos e os romanos. Daí a nossa tolerância em face de todas as religiões. Dentro das tendas de Umbanda é vedada qualquer discussão neste sentido, porque como todos temos as mais evidentes afinidades. Não pretendemos com isto dizer que nos arrogamos uma primazia que estaria em desacordo com a própria humildade e pequenez dos conhecimentos que possuímos. Respeitamos a orientação Kardecista do chamado "espiritismo científico", ou "de mesa", cujos adeptos nos acusam de desvirtuamento da doutrina espírita pelo fato de, às vezes indicarmos remédio para males corporais. Não negamos que assim procedemos. Mas assim procedemos ainda por caridade cristã; seguindo os exemplos de Jesus, que também curou a aleijados e deu vista a cegos. O fundamento da lei de Umbanda, entretanto, é primordial e fundamentalmente espiritual. Eu poderia mostrar pontos de contato da nossa, com qualquer outra religião. Isto, porém, seria demasiado longo. Basta-nos estabelecer um ligeiro confronto com a religião católica. Como esta e como os mais antigos cultos de fetiches, temos imagens, cantos, ritual e até comunhão.

A começar por Jesus, que é o nosso guia espiritual supremo, veneramos todos os santos da igreja católica, embora invocando-os sob as denominações africanas que já nos são familiares: Oxalá é Jesus; Ogum, São Jorge, São Miguel ou qualquer dos arcanjos; Xangô, Santa Bárbara; Ibeji, São Cosme e São Damião; abrangendo a falange das crianças; Obaluaiê, São Sebastião; Yemanjá ou Oxum, Nossa Senhora, e até o diabo do catolicismo reconhecemos na similitude africana de Exu, significando as falanges do mal.[1]

De todos os santos temos estampas e imagens nos nossos centros, não por idolatria, mas para facilitar à volubilidade humana concentrar-se melhor nas suas preces aos espíritos de Luz.

Práticas só permitidas aos iniciados

O repórter pediu ao jovem e brilhante doutrinador espírita esclarecer melhor o ritual e a comunhão da lei de Umbanda aos quais aludira, visto que a existência de imagens e a prática de cantos nas tendas é do conhecimento de todos.

– O ritual – respondeu-nos – só em parte é conhecido dos frequentadores dos centros. Outras religiões, também, e através dos séculos, reservaram apenas, para os seus iniciados, o conhecimento de uns tantos ritos. A confissão católica é um exemplo. Mas, quanto à nossa comunhão, ela se faz mais ou menos publicamente com várias substâncias para as quais pedimos os fluidos ou graças dos espíritos superiores: água pura, leite, vinho, cachaça e até pão.

Encerrando a sua interessante palestra com o nosso redator, insistiu o Dr. Jayme Madruga:

– O sentido filosófico da doutrina de Umbanda não pode ser explanado numa rápida entrevista. Vá as sessões do congresso, para a satisfação, ao menos, da sua curiosidade pessoal. Ouça as teses que serão lidas e venha, depois, sem constrangimento de opinião, trazer-me as suas impressões.

1 Percebemos aqui algumas confusões sérias do entrevistado quanto ao sincretismo. Obaluaiê é, geralmente, sincretizado com São Lázaro ou São Roque e São Sebastião é sincretizado com Oxóssi. A maioria dos umbandistas acredita piamente que os Santos são os Orixás. A perspicácia de W. W. da Matta e Silva possibilitou que ele identifica-se, por meio da Lei de Pemba, que São Jorge atua na Umbanda como Ogum de Lei; São Jerônimo é Xangô Kaô; São Sebastião é o Caboclo Arranca Toco; a Virgem Maria é a Cabocla Yara. As coincidências ocorrem com o Orixá Ibeji que são os próprios São Cosme e São Damião e Oxalá que é Jesus Cristo (nota do organizador).

De operário do Arsenal de Guerra a famoso "babalaô" em Meriti

A Noite, **8 de junho de 1949, n. 13.200**

As malandrices e velhacarias de Orlandino Pimentel, o "pai de santo" da Tenda Espírita São Jerônimo – Suicidou-se com um tiro no peito – Três cartas – O episódio da viúva e o fim de um explorador da crendice popular

Poucos minutos passavam das 11 horas de ontem, quando um tiro espocou no interior da "Tenda Espírita São Jerônimo", situada na Rua Lourenço Campos, n. 264 em São João do Meriti. Residia ali o mais famoso macumbeiro do Estado do Rio de Janeiro, Orlandino Pimentel vulgo "Cobra Coral". Gritos histéricos foram ouvidos. Acudiram curiosos. Comentários começaram a fervilhar e pouco depois São João do Meriti, Caxias e outras localidades próximas, tomavam conhecimento do que ocorrera: "Cobra Coral", o mais famoso "macumbeiro" da Baixada Fluminense, havia posto fim à vida, transpassado o peito com uma bala. Tão breve foi a notícia espalhada, "Pais de Santo", "Cambonos", "Filhos de Santo" e "Sambas" acudiram à "Tenda Espírita São Jerônimo", que também servia de residência ao macumbeiro. Foi um rebuliço tremendo. Lamúrias e muitas lágrimas dos adeptos de "Cobra Coral" foram vertidas.

Estirado no chão, com a cabeça bem juntinha a uma luxuosa geladeira, jazia o corpo do macumbeiro, pranteado, envergando custoso terno de casimira e ostentando caros anéis, cujas pedras refulgiam, impressionando ainda mais os adoradores do "Babalaô rei" do Estado do Rio de Janeiro, o imperador das macumbas.

Quem foi, afinal de contas, Orlandino Pimentel, que tanta fama lograra obter através dos "milagres" que realizava? Um refinadíssimo malandro, homem sem escrúpulos, capaz das maiores torpezas. Todavia, era um adorado, era um verdadeiro deus para os seus adeptos. Ditava sentenças que eram seguidas à risca. Auxiliado por alguns comparsas, iludia os menos avisados e ia enchendo sua bolsa. A fim de atender "seus deuses", exigia o sacrifício de jovens virgens. Assim, para uns, era um deus e para outros, o demônio em pessoa.

Orlandino Pimentel

Muito moço, ainda, Orlandino Pimentel ingressou nas oficinas do Arsenal de Guerra. Tornou-se um artífice de invulgar capacidade e assim, pouco a pouco, atingiu o alto posto de chefe da Seção de Armas, apesar de sua rudimentar cultura. Todavia, as aspirações de Orlandino eram imensas. Ambicionava fortuna. De inteligência lucida, engendrou um plano: explorar a credulidade dos menos avisados.

Tornou-se macumbeiro. Numa casa modesta instalou o Centro Espírita São Jerônimo. Pouco a pouco, o negócio foi progredindo. Orlandino Pimentel realizava toda a espécie de milagres. Providenciava casamentos, uniões de casais, separações, matava à distância, resolvia os mais variados problemas de ordem sentimental.

Dentre as adeptas de "Cobra Coral", destacava-se uma viúva já entrada em anos. Separado de sua legítima esposa, "Cobra Coral", por conveniência entrou a fazer a corte à viúva, com o olho pregado em sua casa, aprazível residência. Não tardou muito, o espertalhão conquistou o amor e a casa da pobre mulher, casa onde funciona presentemente a "Tenda Espírita São Jerônimo". Instalado, arquitetou ardiloso plano e expulsou a viúva. Esta, apaixonada, pouco depois morreu quando soube que fora substituída na casa que fora sua, por Doralice Pimentel, nova amante do macumbeiro.

Ritos, "curas" e velhacarias

Três ou quatro noites por semana, funcionava a famosa sessão de "Cobra Coral", a esse tempo já amplamente conhecido. Ele já aplicando seus golpes de toda a natureza: seduzia mocinhas e extorquia dinheiro aos doentes. Seus "despachos" eram caríssimos. Geralmente entravam em suas composições "ervas oriundas da África", caramujos da Austrália, galos criados desde pintos especialmente para aquela finalidade, cabritos pretos "trabalhados" etc. Tendo para impressionar os consulentes e cobrar prelos altíssimos pelos "trabalhos espirituais", além dos "banhos de descarga".

De uma feita, um consulente bem apessoado procurou-o para tratar-se de uma ulcera gástrica em adiantada marcha. Fora dado como incurável pela medicina.

– Dentro de uma semana você ficará bom – disse o macumbeiro.

Baixou o seu protetor que prescreveu o tratamento. Todavia, para curar-se radicalmente, teria de dispor de quarenta mil cruzeiros. Caso contrário, nada feito. Ele fazia a caridade mas os "protetores" exigiam coisas incríveis, que, para serem adquiridas, era indispensável gastar aquela importância. O espertalhão recebeu adiantadamente os quarenta mil cruzeiros. Uma semana depois, o doente, que era de nacionalidade portuguesa falecia. E a vida corria as mil maravilhas para "Cobra Coral", o rei dos macumbeiros.

A clientela do macumbeiro

Por incrível que pareça, "Cobra Coral" tinha enorme clientela, de fazer inveja a muitos médicos e às mais conhecidas pitonisas. Diante de sua casa, eram constantemente vistos custosos automóveis, cujos passageiros, gente de posição e dinheiro, iam buscar com o macumbeiro, a peso de ouro, solução para seus problemas.

Perigoso sedutor

"Cobra Coral" era tido como perigoso sedutor. Usava de todos os artifícios para engordar suas vítimas. Segundo fomos informados, nada menos de 36 jovens foram ludibriadas pelo perigoso indivíduo, que sobre elas exerceu terrível fascínio, usando sempre o misticismo da "magia negra".

A casa

A casa de onde foi expulsa a pobre viúva, e transformada em falso centro espírita e residência do espertalhão, é luxuosamente mobiliada. Parte da residência é ocupada para a prática dos "rituais" e de aposentos para consultas especiais.

As cartas

Três cartas escreveu Orlandino Pimentel antes de por termo à existência. São os seguintes termos das missivas que publicamos respeitando a sintaxe e grafia de Orlandino:

> Rio de Janeiro, 7 de junho de 1949.
> Amigo e presado aspirante delegado de Meriti. Eu, Orlandino Pimentel, empregado do A. G. do Rio, licenciado, peço-lhe encarecidamente o seguinte: Para que meu corpo não seja preciso ir fazer a otopice (autópsia), a minha vontade ser atendida pelas autoridades local. Como também não interrogue ninguém este meu gesto prende a meus aborreci mentos não foi coisa alguma que me desaborece dentro de minha seita. Só peço que não me deixe de fazer o que acima lhe peço, que é não fazer otopice (autópsia). Do grande amigo Orlandino Pimentel. Adeus a todos de coração.[1]

1 Percebe-se, pelos termos e grafia da carta, a baixa cultura de Orlandino (nota do organizador).

A outra carta é dirigida aos seus "filhos de Santo":

> Rio de Janeiro, 7 de junho de 1949.
> – Aos meus filhos de Santo. Este meu gesto não foi pemba de nenhum outro terreiro nem de inimigos meus. Eu peço a todos os meus amigos leais para continuar no ritmo. Ao amigo Miguel eu peço para fazer meu enterro e não deixar meus dois filhos tomar nada daqui de dentro que é meu. Todas as coisas deixo para a minha querida Dora (Doralice). Não quero meus dois filhos aqui dentro, tão pouco minha mulher. Ela aqui dentro nada tem. Tudo é a da Dora. Um forte abraço para as Sambas (dançarinas da macumba) e todos os Cambonos (auxiliares de macumbeiro, homens encarregados de colocar os "despachos" nos locais determinados pelos espíritos, geralmente nas encruzilhadas). Amem a todos os filhos de fé do meu pai Oxalá, que cubra vossas cabeças e que todos vocês cumpram a lei, conforme eu vos ensinei. Adeus para todos os amigos.

A ultima carta, dirigida a Doralice tem o seguinte teor:

> Minha querida Dora, – Eu peço a você que tudo me perdoe. Perdoe as grandes faltas que tive para com você. Sempre cometi tudo que pertence a mim. Tudo aqui será seu. Só lhe peço para onde você for sempre carregar minha filha Ivone. A geladeira, o rádio, os santos, todas a minhas guias e meus anéis, tudo pertence a você. Um forte abraço do teu inesquecível – Orlandino.

A polícia no local

Compareceu ao local a polícia de São João do Meriti, nas pessoas do escrivão Paulo Pacielo. Antonio Cesar, investigador, os quais tomaram todas as providências que o caso exigia. De inicio, supuseram tratar-se de um crime. Todavia, as cartas deixadas pelo suicida, desfizeram as duvidas surgidas nos primeiros momentos.

O cadáver foi removido para o necrotério de São João do Meriti, onde será necropsiado hoje.

Doralice, a amante do macumbeiro foi rigorosamente interrogada pela polícia daquela localidade fluminense, cujo interesse, no momento, é esclarecer as causas do suicídio de "Cobra Coral".

Durante longo tempo, a residência do suicida esteve guardada por vários indivíduos armados, os quais, a todo transe, tentaram impedir a ação da reportagem.

O mais categorizado lider dos espíritas do Distrito Federal

MILHÕES DE ESPÍRITAS DO DISTRITO FEDERAL SUFRAGARÃO OS SEUS REPRESENTANTES

***A Manhã*, 31 de agosto de 1950, n. 2790**

Na "Tenda Mirim" ouvindo o Sr. Benjamim Figueiredo, candidato a vereador pelo P.S.D. nas eleições de outubro:

As próximas eleições estão empolgando todas as classes e correntes político-sociais, pois a representação democrática, se exercida com dedicação e proficiência, pode muito construir em benefício do povo em geral, e em particular assegurar direitos de determinadas correntes que se agitam dependendo de consubstanciação em lei, pois até hoje algumas se debatem na incerteza de uma existência cheia de percalços.

Precisam, sim, de lei expressa correspondente aos anseios e interesses, e nunca à mercê de contingências.

Ora, ninguém ignora que os espíritas atualmente constituem uma poderosíssima corrente em nosso pais.

Também tem eles suas reinvindicações perante o Estado, de modo a que não continuem sob a dúvida da má ou boa interpretação perante a administração do pais.

Os espíritas têm as mais concretas possibilidades de indicar, com êxito absoluto, seus representantes à Câmara Municipal, à Câmara Federal, ou à Senatoria, como qualquer outra corrente de opinião política ou teosófica, de vez que, todos são iguais diante da lei.

É fora de duvida que o espírita deve ser o trabalhador infatigável, iluminado pela crença, em prol da coletividade brasileira, combatendo todas as violências quaisquer que eles sejam, quer do ponto de vista intelectual, quer do ponto de vista material ou moral.

E por quê? A vida de renuncia do verdadeiro espírita irmanado ao mais acendrado[1] amor fraterno aos seus semelhantes e por consequência à humanidade em geral, é indubitavelmente o mais elevado índice de que a caridade espiritual como lema, remove as montanhas deletérias do egoísmo das classes dirigentes, para alcandorar-se[2] acima da vaidade humana e defender com igualdade os direitos do homem, espalhando a influência benfazeja e exemplar para todos, sem distinção de classe, ou mesmo de crença de outras correntes teosóficas.

Assim os milhões de espíritas, devem ser representados pelos seus principais líderes, escolhidos rigorosamente pelo método de comparação das obras já realizadas, da dedicação impar que porventura já tenha dado mostras.

Na "Tenda Mirim"

Dentre os Centros Espíritas de maior renome onde se pratica a caridade de "graça como a recebemos", destaca-se a "Tenda Mirim", no populoso bairro de São Francisco Xavier.

Não será demais afirmar-se que nenhum carioca desconhece a "Tenda Mirim", que obedece a orientação do Sr. Benjamim Figueiredo.

Aqueles que o acompanham na tarefa ingente[3] de lutar com amor pela renovação dos costumes através do espiritismo, de incentivar e estimular ainda o amor ao próximo, resolveram levantar a sua candidatura à Câmara Municipal.

---

1 Depurado, afinado (nota do organizador).
2 Empoleirar-se (nota do organizador).
3 Muito grande, enorme (nota do organizador).

Justamente por essa razão fomos procurar o Sr. Benjamim Figueiredo, que é uma espécie de "Sumo sacerdote" de Umbanda – religião típica do Brasil – cuja linha branca já é professada e acatada em todo território nacional.

Temperamento afável, simples, expressão modesta que são apanágios do verdadeiro espírita, ouvimo-lo rapidamente.

Disse-nos que os espíritas brasileiros precisam de uma tribuna no parlamento, a fim de defenderem as aspirações da sua corrente teosófica, pleiteando igualdade de condições com outra qualquer corrente, uma vez que a Constituição estabelece muito democraticamente que todos são iguais perante a lei dos homens, e nós sustentamos que todos são iguais perante Deus, razão porque não fazemos distinção entre nossos irmãos.

Após ligeiras considerações e informações sobre o funcionamento e frequência da "Tenda Mirim", esclareceu:

– A minha humilde candidatura a vereador pelo PSD é um imperativo da nossa corrente que pleiteia escolas gratuitas em todos os graus para os reconhecidamente desprotegidos da fortuna, hospitais em quantidade suficiente para atender ao povo, asilo para os velhos, assistência para os menores, amparo à maternidade e direitos para os nossos trabalhos espirituais.

Se eleito, continuarei defendendo intransigentemente com o apoio dos nossos 12 milhões de espiritas, o reconhecimento da nossa teosofia, evitando duvidas. Mas, também, aqui estarei sempre ajudando a amenizar as dores e amarguras dos nossos irmãos.

De fato, a "Tenda Mirim" é um centro espírita muito concorrido e obtivemos informações de que o Sr. Benjamim Figueiredo é um líder escolhido espontaneamente pelos que o seguem naquela obra espírita, em vista de suas qualidades indiscutíveis.

Devemos registrar que Benjamim Figueiredo não foi eleito.

Grande Otelo nasceu no candomblé

Última Hora, **17 de outubro de 1951, n. 109**

O famoso humorista Grande Otelo participou de uma série de reportagens onde contava a sua saga pela Umbanda e pelo Candomblé. Neste número do jornal temos uma apresentação ao público sobre as matérias que serão apresentadas.

Explicações do famoso cômico – Por que resolveu fazer esta série de reportagens

Volto minhas vistas, agora, para o umbandismo. Não se trata de uma conversão, porque nasci dentro desta religião. Ainda me lembro de meu bisavô, o velho Tio Antonio, lá em Uberlândia, Minas Gerais, por volta de 1924, contava-me histórias de tambores batendo, como se fosse uma preparação do meu espírito para alguma coisa de grandioso que deveria assoberbar minha alma com o correr dos tempos.

Voltando, eu tenho que falar da minha bisavó, tia Silvania, que faleceu com 112 anos. Tenho quase que a certeza, não podendo afirmar categoricamente, que a velha fechou meu corpo quando eu nasci. Vou me encontrar agora, em 1934, rompendo todas as barreiras sociais que me prendiam, ingressando numa vida nômade em São Paulo. Foi quando tive meu primeiro contato com o umbandismo, propriamente dito. Deu-se comigo o mesmo fenômeno que se dá com os verdadeiros filhos de Umbanda: o pavor, o pânico e uma tremedeira constante em todas as sessões que frequentava. Fugi para o Rio de Janeiro. Aqui tive a oportunidade de frequentar uma tenda na Rua Visconde do Rio Branco, cujo nome não me recordo, pois isto foi em 1936. Porém, quando vim mesmo a respeitar a religião dos meus ancestrais, na qual nasci, foi em 1944. Passei pela Bahia levado pela mão carinhosa e amiga de Carmem Costa ao terreiro de Joãozinho da Goméia. Eu sei que Joãozinho da Goméia é de Candomblé e ele talvez discorde desta minha narrativa, pois eu ligo o umbandismo ao Candomblé, considerando um ramo deste.

Certo é que no *abaçá* de Joãozinho da Goméia fiz a minha iniciação afro-brasileira. Dancei ao som dos atabaques pela primeira vez. Alimentei-me com comida de santo, servida pelos *erês* que estavam soltos, porque era o mês de outubro. E como todo cultor desta religião não ignora, na data desta informação, ainda não se realizou a ultima festa da falange dos pequeninos. Qualquer *abaçá* que se preze deverá ter até fins de outubro *erês* soltos, comendo doces, chupando balas e pedindo tostões. É, pois que, leitor, eu que posso dar todas estas informações, não posso ter a minha palavra posta em dúvida. Disse e reafirmo: nasci no umbandismo. E estas reportagens que realizo em colaboração com o meu amigo Ariosto Pinto se por alguma coisa peca é pela sinceridade com que veiculamos os fatos. Não sou um estranho, portanto, as seitas afro-brasileiras. E espero que meus amigos, meus admiradores dos teatros, das "boites", do cinema, do rádio e do circo, o povo, enfim, compreendam a razão porque não pratico o culto, religiosamente. Um dia, quem sabe, o Grande Otelo poderá ser também um pai de santo...

Defesa de Umbanda

Além de incomparável ator, fazendo da mimica um instrumento manejável ao seu bel prazer – o maior cômico da América Latina – como ainda há pouco o classificava a imprensa europeia. Grande Otelo é um ser emotivo e vibrátil por si e pelos homens, que imita e diverte.

Contido no boêmio, que encara vida, sem ambição nem maldade, mas com forte sensibilidade – contido no homem que sofreu os mais duros golpes capazes de atingir o coração, reside o místico, voltado para as crenças antigas de suas origens.

Grande Otelo, em colaboração com Ariosto Pinto, vai apresentar aos leitores da Última Hora, num ato de esclarecimento e defesa de Umbanda, tantas vezes injuriada e mal compreendida, uma serie de reportagens sobre os terreiros, seus reflexos na formação do nosso folclore e sua influência em nossa cultura.

De espírito voltado para suas entidades – "Os Orixás da macumba" – Grande Otelo fará desfilar suas impressões religiosas, no cumprimento de uma missão a que ele se propôs por indicação do além: – preservar as macumbas dos seus exploradores, para exaltar realmente os que as praticam desinteressadamente, num movimento de caridade e amor.

Umbanda não é macumba!

Reportagem de Sabino Canalini

***Revista da Semana*, 5 de Dezembro de 1951, n. 50**

Sempre que se fala em terreiros e em sessões espíritas pela Lei de Umbanda a maioria das pessoas esconde a curiosidade ou a ignorância sobre o assunto atrás de classificações mais ou menos desairosas a respeito de matéria tão delicada.

Em geral tem-se o terreiro como lugar em que se pratica o baixo espiritismo. Mas não é fácil definir o que seja o alto espiritismo.

Dizem-na ilegal, isto é, praticada fora da lei, acobertada pela noite, em lugares escusos, escondendo sempre segundas intenções. Infelizmente acontecem às vezes fatos que quase comprovam a veracidade de tais opiniões. É recente o caso de Campos, onde, pela influência maléfica de um falso pai de santo, entregou-se um homem ao horripilante banquete de carne de defunto, em obediência à receita imposta por quem "diagnosticara" o mal. Seres perversos existem em todas as coletividades humanas e não é pelo exemplo dado por eles que devemos generalizar sobre essa ou aquela sociedade. Grande parte das interpretações erradas sobre a Lei de Umbanda é devida ao desejo de seus praticantes se manterem afastados de qualquer propaganda, evitando sensacionalismos prejudiciais. Daí, porém, até chegar à ilegalidade, há muita diferença. Para desfazer impressões que poderiam causar dúvidas, fomos procurar no Encantado, o Terreiro Abalauaê.

Consultando seus dirigentes, soubemos que o funcionamento é permitido por alvará, tendo o Diário Oficial de 27 de setembro de 1947 publicado a ata de fundação da sociedade e seus estatutos, nos quais reza que a finalidade é caridade moral, material e espiritual por todos os meios ao seu alcance.

Assistência social, médica, instrutiva. O que diz respeito à medicina não é praticada sem base, contando com os cuidados profissionais gratuitos de um facultativo. E isso pode ser verificado em todos os centros espiritas! Em alguns vimos verdadeiras clinicas, o que demonstra que a difícil arte de curar não é adotada por empirismo.

Quanto à assistência material, isso quer dizer que aos que não tem meios suficientes, os remédios são doados. As consultas não são pagas. Para sustento da organização, conta o terreiro com um quadro social, como outra qualquer agremiação. Todos, sem distinção, podem usufruir o que de boa vontade é oferecido nesses centros.

Todo cuidado é pouco na escolha dos mesmos, pois há a possibilidade de se cair nas malhas de espertalhões, como o de Campos. Os que dirigem o terreiro não vivem dessa atividade: todos tem profissões diversas que praticam para tirar o suficiente à vida cotidiana. Comerciários, em sua maioria, bancários, industriários, comparecem às sessões por uma necessidade espiritual, para beneficiar um pouco o próximo com os poderes que os médiuns recebem do alto. O que mais impressiona, especialmente aos calouros, é o ritual, considerado bárbaro, atrasado, indigno dos nossos foros de pais civilizados.

Na realidade é uma das facetas mais focalizadas quando a quer descrever o Brasil nos países estrangeiros. Tudo o que é exótico serve de publicidade. Poucos sabem, no entanto, que a "macumba" não é realizada apenas em nosso pais. Na velha Europa, em que a cultura atingiu sua culminância, na própria supercivilizada França, há populações tão atrasadas quanto as nossas, onde até a magia preta é levada a efeito. Antes de mais nada queremos dizer que o termo "macumba" é impróprio. Dá-se esse nome a um instrumento indígena, tipo de reco reco, e de macumbeiro a quem o toca. O espiritismo admite a possibilidade dos feitiços, com intenções maldosas e até funestas. É a finalidade da Quimbanda.

Para atenuar a ação dos espíritos maus que atuam nessas sessões é que surgiu a Lei de Umbanda, bem mais antiga do que o descobrimento do Brasil. Trazida talvez pelos escravos, de mistura com a liturgia dos índios aborígenes, mais os ritos medievais que os perseguidos da inquisição europeia infiltravam pelos navios lusos e os corsários de muitas outras nacionalidades, formou-se o que poderá ser conhecido como ritual brasileiro. Não é mais pura, amalgamou-se com a religião católica, de quem adora os santos e é dedicada especialmente a quem, pela cultura própria, não poderia admitir coisa superior. Não há nisso nenhum desprezo de nossa parte. Apenas reconhecemos o fato de que se todas as pessoas, na face da terra, possuem, por esta ou aquela razão, a mesma instrução, educação e base de conhecimentos da vida, sua evolução e seus mistérios.

Já fizemos confronto com os três graus da instrução comumente aplicada em nossas escolas. Já chamamos a atenção para os que pareciam se enfadar nas sessões dirigidas por Chico Xavier em Pedro Leopoldo. Para esses é quase incompreensível uma cerimônia em que não haja um pouco de religião, um pouco de música, um pouco de dança, cantos e um pouco de medicina. Isso é muito parecido com o que se pratica por aí como última novidade saída dos mais adiantados laboratórios de pesquisas transcendentais. Por ser praticado por gente humilde, não merece nosso desprezo. A influência dos africanos na formação de nossa nacionalidade é enorme.

O folclore incumbiu-se de recolher os ritmos, os cantos e os "passes" dos tristes e melancólicos pretos violentamente arrancados de seus países de origem. O sentimentalismo dos negros de Luanda continua a influenciar seus descendentes, inclusive numa doutrina que aos poucos está se firmando, pela maior compreensão de suas finalidades. Nem todos podem admitir um raciocínio baseado no kardecismo assim como nem todos podem admitir que a terra gira no espaço ou apenas, como agora, que a hora de verão nada tem a ver com a política. Falta de instrução, eis a principal falha de nossa sociedade. Os terreiros vivem cheios de frequências as mais heterogêneas, inclusive de pessoas que pelo ambiente em que vivem, pela posição social que ocupam, estão na obrigação de possuir maior cultura.

A curiosidade ou pedidos estranhos são os motivos que os animam a frequentar os terreiros. A finalidade do espiritismo não é atender aos desejos dos candidatos nas eleições para serem bem sucedidos, ou para ajudar os estudantes em período de provas, para passar de ano. A humanidade conta com a força de vontade e com o livre arbítrio justamente para resolver esses casos de sua exclusiva alçada. O mérito deve ser unicamente do homem, de outra forma seria lícito também pedir um palpite para o jogo do bicho. O que o espiritismo ensina é a viver segundo os preceitos do Cristo, no amor ao próximo e para o bem da humanidade. Essas regras universais podem ser observadas inclusive na Lei de Umbanda repetimos, que deve ser considerada como o segundo estágio do aperfeiçoamento da alma humana.

O bem e o mal se degladiam continuamente: depende de nós, unicamente de nós, escolher o caminho. Umbanda não ensina o mau caminho.

Será eleito pela primeira vez o papa da religião de umbanda

Diário Carioca, **13 de julho de 1952, n. 7370**

Orientador Supremo de todas as "Tendas Espíritas" ficará no posto até morrer

Um grupo de presidentes de "tendas espíritas", da chamada Religião de Umbanda, está propenso a promover um movimento de âmbito nacional no sentido de unificar todas elas sob uma só direção.

O Grande Chefe

Sobre as bases fundamentais dessa iniciativa em perspectiva, falou à nossa reportagem o Sr. Jeremias de Assunção, presidente da Tenda Santa Efigênia. Disse-nos ele:

– A exemplo do que ocorre com a Religião Católica (no tocante ao Papa) nós, os discípulos de Bandu, cogitaremos de eleger um "Grande Chefe do Ritual de Umbanda". Esse chefe será depositário dos mais amplos poderes e a ele competirá o alto desígnio de orientador supremo de todas as "tendas", sendo a sua investidura de caráter permanente e enquanto viver.[1] Elegeremos um Grande Conselho, formado pelos presidentes das

1 Maldito poder temporal e vaidade que vigoram até os dias de hoje como um câncer dentro da Umbanda (nota do organizador).

grandes "tendas". Estas, por sua vez, se transformarão em "tendas escolas" com atribuições de dirigir certo número de "tendas" menores.

Surgirá o Ritual de Umbanda

– Concretizada essa aspiração – prossegue o Sr. Jeremias da Assunção[2] – surgirá, então, sem deformações, o Ritual de Umbanda, o seu Catecismo, a sua Escola de Médiuns, bem como os seus hospitais e casas de caridade, como parte integrante do vasto programa de benemerências a que nos compete realizar no mundo material. E a par desses deveres, a que somos obrigados a cumprir por uma determinação superior, poderemos apresentar ao carioca e, mais tarde, a todo Brasil, a Religião de Umbanda uniformizada, fazendo as suas procissões, os seus batizados e os seus casamentos, obedecendo a um único ritual, com seus hinos e cânticos.

Perto de 600 terreiros

Não é exagero afirmar-se que, atualmente, existem neste capital cerca de seiscentos terreiros de Umbanda, frequentados por mais de duzentas mil pessoas de todas as classes sociais. Só a Tenda Mirim que é, realmente, a maior organização espiritualista no gênero no Rio de Janeiro, conta com um quadro social superior a oito mil associados, destacando-se dentre eles, personalidades de real projeção nos meios políticos e culturais do país.

Com a criação da Grande Federação de Umbanda, com seu Chefe Espiritual imprimindo diretrizes seguras a todas as "tendas", por certo, desaparecerão os pequenos contrastes que se observam no sistema de trabalho usado de "terreiro para terreiro", o que de modo geral afeta a estrutura da doutrina e compromete a essência do ritual. Além disso, a unificação das "Leis de Umbanda", permitirá ao povo brasileiro assistir festas

2 Este cidadão não tinha o menor crédito no meio umbandista sério da época. É claro que ele queria ser o Papa da Umbanda (nota do organizador).

grandiosas da religião do "terreiro", homenageando Santos dos Altares, como São Jorge, São Jerônimo, Santa Bárbara e os meninos Cosme e Damião, apelidados[3] de Ogum, Xangô, Abaloaê, Inhassú e Dois Dois – finalizou o Sr. Jeremias.

Vejam caros leitores a pobreza de conceitos umbandistas de alguém que queria ser Papa da Umbanda. A próxima matéria mostra a indignação do Capitão Pessoa a intenção dos fariseus do templo de todas as épocas.

3 Santo apelidado de Orixá eu nunca tinha lido ou ouvido (nota do organizador).

Nada de papas e cardeais na religião de umbanda

Diário Carioca, **20 de julho de 1952, n. 7377**

O Presidente da "Tenda São Jerônimo" se opõe à unificação das Tendas Espíritas – "Jesus Cristo é o nosso Único Mestre"

– Não encontro razão superior para que sejam unificadas todas as "tendas espíritas" – disse-nos o Sr. José Pessoa, um dos mais conhecidos praticantes da chamada doutrina de Umbanda, entre nós, e presidente da "Tenda São Jerônimo".

– Umbanda – prossegue o nosso entrevistado – é o culto mais doce, mais humilde e mais puro que existe na face da terra. Não devemos, pois, adulterá-lo com ideias assimiladas de outros cultos.

As tabelas de preços

Se criarmos o sacerdote para a religião de Umbanda, – continua o Sr. José Pessoa – criaremos, imediatamente, as tabelas de preços para as nossas liturgias. Nesse caso, as nossas consagrações não merecerão mais o respeito daqueles que vivem para Jesus Cristo, o qual tudo o que fazia e dizia vinha do Pai que estava no Céu.

Nós já fazemos ritual e liturgia e, portanto, somos uma Religião. Os Papas, Cardeais e Bispos são os guias e meros auxiliares na terra".

Mestres de Umbanda

Umbanda tem grandes mestres na terra que nunca pretenderam dar a ela um Vaticano. Tem um Carlos Azevedo, um Ramaiano de Chevalier, com os quais nossa Religião poderá contar.

Duas culturas notáveis tem aquela humildade divina de que nos dá exemplo o umbandista celestial que foi Jesus Cristo, que é nosso Rei, o nosso Instrutor, o nosso único Mestre e que jamais aconselhou a criação de nenhuma igreja.

É preciso que se saiba, de uma vez para sempre, que os sacerdotes de Umbanda são os nossos "guias" espirituais e que os seus médiuns são, apenas, seus humildes auxiliares na carne.

Os companheiros que desejam, a exemplo do que ocorre com a Religião Católica, no tocante à personalidade do Papa, eleger um "Grande Chefe do Ritual de Umbanda", deverão reunir-se em congresso, onde possam ser ouvidos aqueles que estejam á altura de dar algum parecer sobre o assunto, finalizou o Sr. José Pessoa.

Mensagem aos filhos da umbanda

João Severino Ramos

Jornal de Umbanda, **Maio/Junho de 1953, n. 31/32**

Figura 17: João Severino Ramos – Dirigente da Tenda Espírita São Jorge – Fonte: *http://www.sentandoapua.com.br*

Símbolo da sabedoria, força e beleza divina.

1°) O sol e seus raios são a maior glória do Divino Mestre, espalhando luz e calor por toda parte do universo, o Sol nos ensina a prática do bem.

2°) O planeta que gravita em torno do Sol mostra-nos que o principio da atração universal simboliza a força e o amor do Divino Oxalá.

3°) No centro do Sol está uma estrela e no centro uma cruz de Oxalá, representando a poderosa fonte espiritual, de onde flui, ininterruptamente, conforto, amparo e alívio para os corações que vibram numa fé ardente. Figura no firmamento com um grande símbolo de justiça, verdade e amor Divino.

4°) A grande cruz representa a fé do nosso glorioso Xangô. Justo e verdadeiro, símbolo ideal de justiça e verdade e uma grande potência espiritual.

5º) Ao lado direito da subida tem um grande ponto de São Jorge representando o exemplo da fé edificante de sua vida de guerreiro e sua bandeira na vitória na luta por tudo quanto é justo, verdadeiro e belo.

6º) Ao lado esquerdo da subida acha-se também um grande ponto de Oxóssi, representando o símbolo das vitoriosas falanges de caboclos guerreiros das matas virgens, exemplo de fé, luta, pela liberdade, pela justiça e pela fé, nas matas, nas tendas espíritas de Umbanda, nas imensas regiões – esse grande e poderoso chefe e sua falange amparam os seus filhos de Umbanda em vibrações confortadoras.

7º) No centro da grande cruz, acha-se colocado o grande defumador representando as vibrações misteriosas da magia em verdadeiras queimas, acha-se mirra, benjoim, almíscar. É o maior banho de purificação espiritual, destruindo e afastando as vibrações prejudiciais aos filhos de fé, afastando as dificuldades encontradas, forma um espírito puro de sentimento nobre e coração bem formado.

8º) No segundo degrau da base da grande cruz, acham-se duas grandes serpentes representando a simbolização do mal, egoísmo, ambição, vaidade, instintos inferiores, tendências animalizadas. Lutemos meus irmãos contra essas serpentes que nos ameaçam a subida destas escadas para o nosso progresso espiritual e material; nos ameaçam a cada passo dos redutos do nosso subconsciente, volvamos os nossos pensamentos em prece ardente de agradecimento ao nosso Divino Mestre pelo amparo de podermos subir os degraus da base desta grande cruz.

9º) Ao lado da grande cruz – acham-se duas escadas, cada uma com sete degraus, uma representando a subida para o progresso espiritual e outra para a descida da imperfeição. – A escada da direita representando o caminho da felicidade espiritual a fim de atingir as grandiosidades Divinas e a perfeição moral e espiritual ou cada um dos filhos de Umbanda dentro das tendas espíritas. As escadas são os traços espirituais para o aperfeiçoamento dos Médiuns de Terreiro das Tendas Espíritas de Umbanda dos irmãos nos planos superiores. – Queiram atingir meus irmãos os degraus mais altos desta misteriosa escada

– representa perfeição, harmonia na mais íntima fraternidade dos filhos de Umbanda para que o Divino Mestre.

Salve Oxalá, Santana, Xangô, Ogum, Oxóssi, Inhaçã, São José, São Miguel, São Benedito e Santo Antonio.

Algo sobre a umbanda

W. W. da Matta e Silva

Jornal de Umbanda, **Julho de 1954, n. 44**

Alerta umbandistas! A Bandeira de Ogum está desfraldada; toda Banda está em demanda, contra a Confusão e a Ignorância, que campeiam e imperam por aí, em certos Centros que se dizem de Umbanda. Saibam todos, Irmãos de Lei, que Ela não vem sendo praticada como deveria ser, mesmo na maioria nas Tendas e Cabanas existentes. Ela não é esse "Coquetel" de Africanismos, Candomblés e Linhas de Chão, em pleno "Sabat".

Saibam ainda os bem intencionados em sua Fé: Na maioria esses "médiuns" que afirmam "receber" Pai esse, Pai aquele, Caboclo tal, não "recebem" coisa alguma, podem ser incluídos no rol dos sugestionados pela vaidade, na dos mistificadores conscientes, e na dos simples e ingênuos.

Se quereis provas observai-os apenas... Por exemplo: Vede com que facilidade lançam mão da Pemba e riscam setas, estrelas, sóis, luas, lanças e espadas, tudo bem desenhado copiado e aprendido nesses livros, que ensinam "Mirongas", ou traçam riscos sem "pé nem cabeça", onde não se identifica o mais leve sinal da Lei de Pemba, esotérica e profunda. Alerta umbandistas sinceros, que possuis uma mente para pensar e discernir: Esses "Médiuns" não o são de fato e de direito, seus "dons" não o capacitam para incorporar Entidades da Luz de um Xangô, um Ogum, e muito menos de um legítimo Pai Preto, que são os mais mistificados, a ponto do "cavalo" escolher o nome do guia que tem simpatia, em vez de ser escolhido, de acordo com as suas afinidades nesse Plano, se for o caso.

Meditai umbandistas! Sabeis que o mediunismo existe, existirá e sempre existiu, desde quando a pesquisa nos leva a estudar a origem de qualquer Seita, Religião ou Ciência, que nos vem através dos milênios sob vários nomes e formas. Portanto digo e afirmo com toda convicção: a Lei de Umbanda existe; não nesses Templos luxuosos onde predomina a vaidade, cujos Médiuns são qualificados em relação à posição social e financeira; não nesses "terreiros" onde se batem tambores, atabaques e palmas e os coités correm de boca em boca no gargalho anímico dos "cavalos de Exu", que na mais alta de suas concepções, creem nesses espíritos como "divindades de dupla personalidade" senhores da força que faz e desfaz.

Digo e afirmo que as Entidades que cumprem Missão no plano de Umbanda e dirigem sua Lei, sabendo onde e como funciona a Lei de Causa e Efeito (o Carma como dizem os hindus), podendo e fazendo muito para suavizar as nossas provações esclarecendo quais ações negativas de um passado, gerou um presente estado de coisas, e mostrando conforme o caso, os meios mais hábeis a tal fim; não devem ser chafurdadas e confundidas, menos por ignorância, do que por má fé ou esperteza.

Afirmo com convicção e conhecimento que a chave dessas Verdades ocultas abrem as Portas do Templo de Umbanda em sua parte esotérica àqueles que merecem e forem senhores de um psíquico forte, deixando o exterior com seus Mitos e suas Formas aos que, ambiciosos e cheios de empáfia, devem permanecer circulados, nessa outra parte – a Exotérica.

Médiuns, alerta. Fazei nova afinação em vossas correntes fluídicas, pois, ao aferir essas vibrações, ficareis surpresos e tremereis; tremereis porque, não mais ouvireis o grito de Ogum no alto das Serras; nem o brado de Xangô, Senhor da Tempestade, dono das Cachoeiras; nem o assovio de Oxóssi, Rei das Matas. Apenas escutareis, vindo de longe, bem longe, do Reino de Aruanda, o lamento de Pai Preto, chorando... E pela brisa que vem do mar, a voz soluçante de Mamãe Oxum, que diz: "eu perdoo, mas busquem a Luz da Verdade".

Preparo do médium consciente e inconsciente

W. W. da Matta e Silva

Jornal de Umbanda, **Agosto de 1954, n. 45**

Quanta presunção poderia conter esta afirmativa se, as simples verdades que vão ser expostas, não o fossem por demais sabidas, mesmo por aqueles que deviam ter obrigação de sabê-las. Presidentes de Tendas, Ogans, Sambas e Cambonos, Médiuns em desenvolvimento: aqui vão duas "fórmulas", escolham a que mais sentirem verdadeira. A PRIMEIRA consiste em dizeres a qualquer um: tu és médium, estas "caindo de maduro", para melhorares "disso ou daquilo", combinado, inicias os preparos pondo-o logo para "rodar", dando um pouco de "Curiá", umas boas fumaçadas e "puxa" curimba. A seguir, com os progressos, preparas uma mistura de ervas e bebidas, inclusive a "marafa" e ainda um obi e um orobô (dois frutos que tem a "propriedade de abrir cabeça e amarrar" o Orixá) e leva-o ao mar ou à cachoeira, acenda velas, manda que se ajoelhe, despeja essa infusão na cabeça do dito, canta e chama o "Santo"; tudo isso com barulho de tambores, palmas e "pontos" bem gritados. Findo esse ritual podes considera-lo como "Amaci ou Batismo" – a teu critério. Não precisas saber se é consciente ou não, escolhas um nome de Guia bem bonito e presenteia-o, sendo que, até a "preparação" final, outras "afirmações" serão feitas, com ligeiras alterações, mas no todo o "preceito" é o mesmo.

Essa "fórmula" é muito eficaz, faz vibrar certas sensações que, alimentando instintos, afastam do "Ego" superior a reflexão e as concepções que poderiam penetrá-lo, deixando somente imperarem a ignorância e o fanatismo, armas poderosas que manejarás a teu bel prazer. E em consequência desse poder teu terreiro em curto tempo ficará superlotado. A SEGUNDA é pouco usada, por que: consiste em trazer a iluminação ao verdadeiro mediunismo, bem assentado e orientado, no reconhecimento e na experiência, que mostra como o psiquismo desperta as comunicações do Espiritual, e somente evolui, no silêncio pela concentração, ponto básico da iniciação de qualquer Escola. E, assim, quando assumires a responsabilidade de desenvolver um Médium, verifica primeiramente se esse Dom faz parte de sua provação imediata, como meio de resgate, e em certo caso positivo, deves conhecer se é veículo de efeitos físicos, consciente ou não. No caso de ser consciente (o mais comum), e portanto que vai exigir maiores cuidados, começaras por identificar sua Entidade de Guarda, ponto de apoio inicial a estampar na visão de seu mental. Então o farás entrar na corrente fluídica, pelo desenvolvimento e dirigirás sobre ele, vibrações com auxílio de um "Ponto" cantado e riscado, procurando fazê-lo sentir suavemente, com ritmo e harmonia, os fluídos que sua afinidade imantará pela presença da Falange que tenha sido chamada. E ensina-o a controlar o pensamento, sem o forçar, em concentrações dolorosas. E nas sessões para esse fim, passarás a observar o seu adiantamento, e fiscalizarás suas "dúvidas", que serão os grandes obstáculos a sua futura firmeza, e o fará viver no eterno dilema do "ser ou não ser", SE NÃO SOUBERES ensinar como se processa o mecanismo da incorporação, desde o momento que a alma cativa recebe e fixa os "ligamentos" de outra alma independente, cuja inteligência possa fluir, livre e desembaraçada e a transmissão seja veiculada pelo consciente do Médium, sem a interferência do subconsciente, que, nessa ocasião deve permanecer mudo. Essa regra não é extensiva ao médium inconsciente, esse não sentirá "interferências", a incorporação é total, terá certeza dos fundamentos que virão por ele e para ele.

Bem, meus irmãos umbandistas, o espaço é curto; finalizo conclamando-os a meditarem sobre essas duas "fórmulas", pincipalmente a ti Irmão-Médium, ainda quero lembrar essa dura verdade: não tenhas ilusões, tua Missão é um Campo de Batalha, onde a luta não cessa, os Negativos chegarão por todos os lados, como "Larvas" para o ataque; mas, não importa que elas venham gritando e saltando das "cangiras" de Nagô; não importa também que cheguem gemendo e rilhando os dentes das trevas de Omolocô, nem que gargalhem zombarias na fúria impotente de abalar tua Fé: Sê firme, não temas; tens as Armas da Lei; porém, guarda-te dessas que vem com risos suaves de bajulação e cânticos maviosos de atração fazendo tudo para insuflar tua Vaidade com a ilusória concepção do "Eu sou".

Voltarei irmão para dizer algo sobre "LEI DE PEMBA".

Papas de umbanda

Jayme S. Madruga

Jornal de Umbanda, **Novembro de 1954, n. 48**

Figura 18: Reunião na Sede da UEUB na Rua do Acre na década de 1940. Jaime Madruga é o terceiro da esquerda para a direita. – Fonte: ***Jornal de Umbanda***

Quando a religião de Umbanda era considerada baixo espiritismo, quando as Tendas eram frequentadas somente por gente simples, quando os oportunistas ainda não tinham observado o potencial de força que ali estava em estado latente, nunca tivemos oportunidade de encontrar ninguém que se arvorasse em papa ou defensor da Umbanda.

Mesmo os que necessitavam de pedir caridade, iam às escondidas e negavam não só que acreditavam, mas os próprios benefícios recebidos.

Mas o movimento cresceu, tomou forma, chegando mesmo a assustar as religiões majoritárias e então começaram a surgir os papas, os pontífices, os evangelistas, os aproveitadores que criaram sessões de Umbanda como chamariz para manterem organizações de outros caracteres que secretamente combatem e ridicularizam essa religião sublime bela.

Apareceram organizações de caráter mesclado que pretendem codificar a Umbanda, aquela que resolveram ter como a verdadeira; que estilizaram a seu bel-prazer e dentro de suas conveniências, mesmo porque as verdadeiras entidades de Umbanda não aceitam patifarias, nem se prestam à mitificações ou negociatas.

Aos verdadeiros adeptos passaram a chamá-los de africanistas.

Livros surgiram para com capa de cordeirinhos bondosos e salvadores da humanidade, descreverem curas dantescas inspiradas nos antigos sabats como passadas em terreiros de Umbanda. Os títulos desses livros bem sugestivos e significativamente comerciais servindo de engodo para os de boa fé e comparem-nos.

São, portanto, múltiplas as formas de que se revestem os candidatos ao papado de Umbanda, tal como se dá com os candidatos a cargos eletivos de representação popular que nas épocas de eleições se convertem todos em umbandistas.

Entretanto, é preciso que fique esclarecido de uma vez por todas: na religião de Umbanda não há lugar para papas. Se há algum sumo pontífice, esse é nosso pai Oxalá, como seus sacerdotes são esses guias extraordinários que chegam em formas humildes de caboclos, pretos velhos, crianças, exus... Os adeptos médiuns ou não são simplesmente instrumentos em suas mãos e não se mascaram absolutamente, mesmo porque quando algum por ignorância ou vaidade se mascara, foge-lhe imediatamente esse dom.

Também não seria possível admitir-se uma religião sem dogmas como é a Umbanda que tivesse papas, seria incoerência inominável e a derrocada de todos os seus princípios de religião cíclica com a missão de arregimentar a massa nesse último período de transição porque tem de passar o planeta, de acordo com as profecias milenares que todos os espiritualistas reconhecem como verdadeiras.

Portanto, umbandistas, é preciso que não nos deixemos iludir por falsos profetas. É mister que não cedamos nenhum ponto nesse sentido, pois Umbanda é uma religião moldada dentro dos princípios democráticos eternos, em que cada um de seus filhos pode progredir na escala ascensional da espiritualidade sem sofrer injunções dogmáticas e sem perder seu direito sagrado de pensar e sentir dentro de seu grau de evolução.

Tenhamos uma fé, mas não sejamos fanáticos, cultivemos a mística mas nunca deixemos de analisar à sangue frio e de raciocinar corajosamente sobre todos os mistérios e problemas que se nos apresentem, pois mistério somente o é enquanto não lhe alcançamos o sentido.

Sejamos aos menos criaturas humanas e não simplesmente animais racionais porque é necessário não parar.

O plano em que estamos se ressente justamente desse retardamento que é preciso recuperar a fim de podermos marchar com o planeta na sua marcha de progresso espiritual, portanto, não estamos mais em idade espiritual que nos deixe iludir com poderes temporais, cujo objetivo é retardar para dominar.

Somos seres livres e nosso livre-arbítrio não pode ser tolhido. Façamos nossas ligações dentro do amor universal, dentro da fraternidade pura, unindo os corações para obtermos forças de que muitos necessitamos para elevar a nossa mente até os níveis mais apurados da verdade.

Mas para tanto é preciso que não haja papas. Será que nunca podemos aproveitar senão a experiência alheia ao menos a que seja fruto da observação e da lógica? O Cristo há quase dois mil anos já afirmava que seu reino não era desta Terra, para nos ensinar que não lhe interessavam poderes temporais e para nos alertar contra os pontífices que estão sempre prontos a sacrificar até a própria vida de seus semelhantes contanto que seus poderes prevaleçam.

Se não queremos ser tratados como escravos não nos deixemos subordinar pelos papados, pelos que mistificam com pseudo-aparências para sugerirem aos ingênuos que são novas encarnações de espíritos já libertos para sua grande evolução das contingências da matéria.

Concluindo, não acreditamos em, nem aceitamos papas para a religião de Umbanda e não podemos deixar de vir a público fazer essa declaração porque não podemos pactuar nem mesmo pelo silêncio com essas manobras torpes para não sermos cúmplices desse monstruoso crime de lesa evolução.

Sem papas a religião estará preservada do erro dos homens pretenderem ditar leis para a eternidade, quais novos Prometeus, que como eles não poderemos dessa forma escalar o Olimpo da Espiritualidade.

As Sete Linhas da umbanda

Jornal de Umbanda, **Março de 1955, n. 52**

Neste número o *Jornal de Umbanda* anunciava a matéria *As Sete Linhas da Umbanda*, porém não foi publicada.

Apresentamos neste número a tese apresentada pelo confrade W. W. da Matta e Silva, nosso colaborador e presidente e chefe de terreiro da Tenda Umbandista Oriental, a fim de que tomem ciência os chefes de terreiro das Tendas filiadas ou não, apresentem suas sugestões ou suas oposições fundamentadas, o que deve chegar à União Espiritista de Umbanda do Brasil até o dia 15 de março corrente, data marcada para a apreciação, estudo e debates na Mesa Redonda dos Chefes de Terreiro da União, a qual tem início às 20:15 horas, na Rua do Acre, 47, 6º andar, sala 608.

Trata-se de trabalho de folego, em que podemos encontrar motivos de divergência, o que no entanto não lhe tira os méritos invulgares, pois se sente em todos os pontos tocados, o muito zelo, estudo e meditação de seu autor.

Façamos votos para que todos os umbandistas estudem essa Umbanda tão mal compreendida e tragam o resultado desse estudo a publico, para maior glória de Deus.

A Direção

Este polêmico tema foi abordado algumas vezes por Matta e Silva que dizia:

> Reconheço que a Umbanda está "grávida" a 53 anos de sete filhas gêmeas. Numa gestação aflitiva... Um parto que os "doutores do Santé ainda não conseguiram fazer".

Agô, mestres!

W. W. da Matta e Silva

Jornal de Umbanda, **Abril de 1955, n. 53**

É assaz chocante, quando se faz um exame no "panorama" chamado Umbanda, através dos ensinamentos de suas Escolas, por seus Livros ou Evangelhos...

De um lado vê-se uma "mistura" de Africanismo e Catolicismo; de outro, Kardecismo e o dito Catolicismo... Ou os três juntos.

E ainda de outro, mais um "tempero" surgiu, com uma inovação, espécie de culto esdruxulo que começa a florescer num crescendo assustador; passaram a render "hosanas" às mais variadas estátuas de pretos e pretas velhas, índios de tipos diferentes, isto é, de "várias nacionalidades" e as "formas" que se assemelham a do suposto Diabo da Mitologia, com chifres, ferrão, serpentes, capas pretas e vermelhas... que dizem ser Exus...

E o interessante é que todas essas "ditas coisas" são tidas como expressando as tão citadas "mirongas", ou as tão apregoadas verdades, desta tão mal interpretada Umbanda de todos nós.

Mas o que causa realmente espanto, vem de setores que se dizem altamente situados a ensinarem essas mesmas verdades, todas elas como a lídima revelação da Lei de Umbanda... Com a confusão que fazem de "alhos e bugalhos"...

Nesta altura, um pequenino "eu", de uma pequenina Tenda, dessas que certos "iniciados" generalizaram como africanistas, "macumbistas" e outros epítetos, sem antes se darem ao cuidado de provarem que realmente entendem de Umbanda, porque a única "novidade" que apresentaram até agora foi o "meterem o pau" nesse pobre africanismo, pensando que todos os Dirigentes de Tendas o praticassem fossem analfabetos, ostentando Guias de araque...[1]

Nesta altura, repito, um pequenino "eu" pede – AGÔ MESTRES...

AGÔ para dizer a vossos "iluminados mentais" que dentro da verdadeira Umbanda do momento, existem legítimos Diretores Espirituais, que tem um DOM REAL E EXISTENTE.

Esses são Médiuns de "fato e de direito" e seus Mestres, os Orixás da Lei, "falam, revelam e não mentem", os inalteráveis e reais PRINCÍPIOS que não estão escritos ainda, nas páginas dos atuais Livros de Umbanda...

Assim, peço AGÔ mais uma vez, oh! "mestres", para perguntar: que Entidades, Anjos ou Cherubins, Livros Sagrados ou Científicos, vos revelaram que a Lei de Umbanda é "criação" de menos de dois mil anos e seus inspiradores foram os primeiros mártires do Cristianismo, conhecidos como Santos, atualmente?...

Quem vos disse que Ogum é São Jorge e que Ogum de Lei é São Lázaro?... Era o caso de arranjarem mais 5 Santos para serem identificados com os Orixás que faltam para totalizaram os 7 que dirigem esta Linha, ordenada pela Vibração Original de Ogum...

Ou então mais 7 vezes 7, igual a 49 Santos, para simbolizarem os ORIXÁS PRINCIPAIS de cada Linha... E ainda por essa "lógica", surgiria uma "Umbanda" com 365 linhas que corresponde à quantidade mínima de Santos que enchem o calendário...

Saibam então que OGUM é o TERMO LITÚRGICO que se identificou como uma das "sete palavras perdidas" compostas de duas sílabas ou palavras "falantes" que no fundo vem a ser a mesma: IG ou AG, que é o AGNI dos Hindus – o Fogo Sagrado; e AUM, OM ou UM, invocação mística do Brahmanismo que encontra sua CORRESPONDÊNCIA FONÉTICA em OGUM que

1 Araque é uma gíria muito usada nas décadas de 1960 e 1970 e significa falso (nota do organizador).

traduz essas ditas invocações místicas, Exemplo: O FOGO SAGRADO, O FOGO DA SALVAÇÃO ou DA GLÓRIA, O FOGO DEVORADOR...

E ainda na Cosmogonia, o FOGO ETÉREO... Em síntese é uma VIBRAÇÃO ORIGINAL.

Saibam, portanto, que a Entidade de Jorge se identifica como Ogum de Lei, um dos sete Orixás da Linha ou Vibração, isto é, UM igual a mais SEIS... Um dos Diretores, um dos Patronos etc., porque todos os Orixás se identificam, precedendo os nomes que os qualificam com o da dita vibração original que os ordenam...

Quem vos disse ou "inspirou" ainda, oh! "mestres" das verdades ocultas (ou ocultadas) que Jerônimo, doutor em Leis, que no ano 384 traduziu (perplexo e duvidoso) o Novo e o Velho Testamento conhecido depois como VULGATA e que só foi Santo, muito tempo depois, fosse a própria VIBRAÇÃO ORIGINAL DE XANGÔ... E comandasse sozinho todos os Orixás, das 7 Legiões, cada uma com 7 Falanges, que formam UMA das Linhas da Lei de Umbanda?...

AGÔ para dizer-vos que XANGÔ é também uma das "sete palavras perdidas" que traduz em si, uma das Sete Vibrações Originais, que ordenam os SETE ORIXÁS PRINCIPAIS, inclusive o chamado Jerônimo que é um desses, isto é, chefe de Legião... E ele se identifica como Xangô Kaô (Kaô quer dizer – a Pedra do Céu, ou o ÉTER do Céu).

XANGÔ ou CHANGÔ na verdadeira grafia é composto de duas sílabas ou palavras falantes; a primeira, CHAM significa – O FOGO SUBTERRÂNEO, O RAIO; a segunda GÔ, significa – RAIO, ALMA, SENHOR; e esses valores que compõe a dita palavra mística, traduzem – Alma do Fogo Subterrâneo, Senhor do Raio Oculto, Senhor do Raio etc.

Ora, "essas coisas" não são pura MITOLOGIA AFRICANA; TEM SEU VALOR COSMOGÔNICO...

AGÔ, então, TRÊS VEZES, para terminar nestes dois exemplos dizendo que, Gregos e Troianos podem ser donos de "quantas espécies" de umbandas queiram, fabricadas à "sua moda" que esse pequenino "eu" não tem nada a ver com "isso"; mas não digam nunca, POR FAVOR, que essas traduzem a UMBANDA

VERDADEIRA...

Porque existem Médiuns e chefes de Tendas que sabem distinguir Orixás, Guias e Protetores em suas Linhas ou Vibrações certas...

E jamais mudariam por livre "inspiração", um Caboclo (4) Quatro Luas, que conforme o número e a palavra que o qualifica traduz, ali pelas três horas, 4, número par, gerado e gerador; LUA, Planeta dito feminino porque é o da gestação, fecundação, corresponde à Vibração de YEMANJÁ – A DIVINA MÃE NA UMBANDA, por analogia, o Eterno Feminino, a Mãe Sofia dos Teosofistas etc.

E Pai André, Pai Joaquim, Pai José, Vovôs e Vovós, todos altamente evoluídos que VELANDO suas "vestimentas karmanicas", cumprem Missão, usando uma das "TRÊS FORMAS" ordenadas na Lei, como seja, a dos Pretos Velhos que assim o fazem debaixo de sua própria de YORIMÁ... para a já citada Vibração de Xangô; porque demonstrariam assim uma total ausência de "conhecimento de base".

E nunca em tempo algum, até nos ditos "meios africanistas, se ouve afirmar que um "preto velho" fosse chefe de uma Falange de "Caboclos" de outra vibração, tendo, portanto, suas próprias chefias...

E jamais oh! mestres, tornem a falar dessa SENHORA DA LUZ VELADA – UMBANDA DE TODOS NÓS, sem pedirem AGÔ, TRÊS VEZES, para que um "véu de vossas mentes" seja afastado e assim possam VÊ-LA, em seus VERDADEIROS PRINCIPIOS...

Médiuns conscientes

(Ao prezado confrade W. Wilson da Matta e Silva)

Lourenço Velho

Jornal de Umbanda, **Agosto de 1955, n. 57**

Jornal de Umbanda conta entre seus brilhantes colaboradores com a inteligência lucida e o coração apaixonado de Matta e Silva, que o fez um lutador intemerato pela causa da Religião de Umbanda.

Divergindo, embora, muitas vezes, de seus pontos de vista, não podemos deixar de reconhecer suas belíssimas qualidades, seu amor à Umbanda, sua sinceridade inegável, sua franqueza rude, mas muitas vezes necessárias.

Estamos numa hora cósmica para a espiritualidade e por isso faz-se mister que surjam homens corajosos e francos que digam exatamente o que sentem e pensam, sem temor de ferir falsas suscetibilidades, pois não há dúvida possível de que os tempos chegaram e é preciso que se faça tudo para que a massa que espraia no deserto árido da materialidade possa ser guiada e transponha os umbrais da estrada que a levará à espiritualidade e a consciência.

Nada de titubear, nada de contemporizar, nada de temer perseguições, calúnias ou coações, pois é mister que sejam defendidos os alicerces dessa religião sublime que surge no momento oportuno e necessário para quebrar os tabus e o conservantismo que se escuda no poder temporal e na política (com "p" minúsculo).

Faremos estas afirmações à guisa de preâmbulo, porque de

fato, as sentimos e porque mais uma vez, que esperamos não seja a última, vamos divergir do ilustrado colaborador deste jornal.

Escreveu o nosso companheiro sobre a "mediunidade consciente", negando essa forma ou modalidade mediúnica no caso da incorporação; como não é o signatário deste artigo médium de incorporação, é com a máxima isenção de ânimo que vamos contraditar essa teoria.

Também não somos escravos do classicismo nem do tradicionalismo e não nos atemorizamos diante de medalhões.

No caso em espécie preferimos acompanhar Allan Kardec, pois que nossas observações em mais de vinte anos dão-nos a convicção de que a modalidade incorporativa consciente é um fato inegável e, mais ainda a forma predominante dessa modalidade mediúnica, pois, entre os inconscientes ou semiconscientes, não podemos registrar uma percentagem que alcance 20%.

O que mais encontramos por aí são médiuns conscientíssimos que mentem e se dizem inconscientes.

Uns o fazem por má fé, a fim de provocar maior confiança nos consulentes, outros por ignorância ou má orientação, pois lhe foi ensinado que se se disserem inconscientes com o tempo a inconsciência virá.

Erro brutal, pois se trata de modalidades distintas de incorporação e cada indivíduo só pode dispor da mediunidade que lhe foi determinada em sua reencarnação.

É bem verdade que o médium pode ter mais de uma faculdade mediúnica e pode, no decorrer de sua existência, apresentar novas faculdades ou modificações, as quais independem, entretanto de artifícios.

Convém ressalvar, o ponto em que concordamos com o confrade Matta, que má incorporação, não quer dizer mediunidade consciente.

De fato muitos, a maioria dos médiuns, que não procuram apurar sua mediunidade, pratica animismo, mistificação e má incorporação e por falta de escola e de preparo nunca poderão chegar a cumprir eficientemente sua missão mediúnica.

A nossa divergência é de base.

A nossa tese é que a mediunidade é espiritual, isto é, de

espírito a espírito... Um espírito atua ou envolve-o antes e por intermédio deste é que maneja o corpo físico do médium, atravessando naturalmente o corpo astral.

Na mediunidade incorporativa consciente, semi, ou inconsciente o fenômeno produz envolvimento da vontade e a consciência não tem poderio para interferir nessa vontade, sendo que o subconsciente também é controlado.

Em qualquer das formas o subconsciente interfere por desonestidade ou por imperfeição na incorporação, hipóteses que ocorrem também em modalidades intuitivas ou de irradiação.

Queremos ressalvar que reconhecemos as modalidades de intenção e de irradiação, que constituem, entretanto outras formas de mediunidade e outra mecânica ou sistema.

Como dissemos a nossa divergência é de base e neste ponto, pedimos "vênia" aos médiuns inconscientes, pois, afirmamos que a mediunidade incorporativa consciente é uma forma mais elevada de mediunidade. Essa nossa afirmativa, queremos frisar, não os diminui, pois ninguém tem culpa nem se pode envergonhar do seu grau evolucional que é uma decorrência cármica, pela qual todos passam.

Entretanto para ilustrar nosso ponto de vista basta citar a tremenda responsabilidade que a consciência do médium lhe coloca aos ombros qual seja no subconsciente de modo que a transmissão se faça pura e cristalina "sem ruídos estranhos ou locais", se usarmos a linguagem aplicada aos aparelhos receptores de rádio.

Também ressaltamos a maior produtividade que resulta para o médium que ao mesmo tempo em que transmite, aprende os conhecimentos que estão sendo enviados pelos planos superiores.

Ora se a cada um é dado de acordo com seu merecimento, se a cada um é exigido conforme os "talentos" que lhe foram confiados, a quem se lhe dá maior responsabilidade, mais se lhe exige em aproveitamento.

Dentro do que acabamos de expor, não podemos deixar de confirmar a grande necessidade de os médiuns se desenvolverem e prepararem com o mesmo cuidado com que se cuida de um avião antes de alçar o voo, pois que as quedas no domínio da espiritualidade são muito graves em suas consequências. Que sejam honestos e sinceros em todos os atos de sua vida, mas principalmente no campo da mediunidade, e que não se precipitem nem queiram passar a frente de seus guias, porque a eles compete a direção das manifestações, devendo o médium nunca esquecer que o instrumento tem de ser tangido sempre por terceiros e que deve estar muito bem afinado e conservado para que a melodia celestial possa ser transmitida em toda sua beleza.

A magia e seus mistérios

José Alvares Pessoa

Discurso pronunciado na Tenda Xangô em 30 de setembro de 1955
Jornal de Umbanda, **Outubro de 1955, n. 59**

Meus amigos!

O hábito é uma segunda natureza e é pela força do hábito que neste dia de São Jerônimo, que nos é tão caro, mais uma vez vos dirijo a minha palavra de fraternal amizade.

Estamos todos de parabéns, comungamos a mesma alegria e os nossos corações batem em uníssono, obedecendo ao ritmo que em nós canta sob a inspiração do sentimento puro dessa fraternal amizade.

E tudo isso sob a influência da magia de Xangô, que nos traz unidos há mais de 20 anos, no mesmo ideal cristão de fazer o bem a todos os que buscam a sua Casa, ainda que isso nos custe os mais penosos sacrifícios.

Meus amigos, ao falar-vos da magia de Xangô, vem-me à mente os inúmeros benefícios que, antes dos outros, nós mesmos da corrente temos recebido; das vitórias que temos conquistado, na árdua luta de cada dia, para manter a tradição de espiritualidade do terreiro de Xangô; dos sofrimentos que juntos temos suportado nas horas amargas da perseguição que não nos tem faltado; das alegrias pelo dever cumprido; das provas de lealdade que temos recebido de não pequeno número de amigos devotados!

E tudo isso nos leva a crer na Humanidade, no dia incerto do amanhã e sobretudo na incomensurável bondade daquele que é tudo para nós, Pai, Guia, Santo, o nosso incomparável São Jerônimo, que nunca nos faltou.

A minha alma se eleva, neste momento num hino de fé e de amor ao nosso adorado Patrono, para render-lhe o preito da minha mais profunda gratidão e para pedir-lhe que jamais nos abandone.

Meus amigos, também a magia de Xangô lembra-me o tema, que me fala tão de perto ao coração, da magia e seus mistérios.

"Toda a ciência ao lado da magia é menos do que uma candeia ao lado da luz do astro do dia", diz o imortal teósofo espanhol Mário Roso de Luna.

É um tema que fascina e sobre o qual, abusando da vossa paciência, resolvi fazer algumas considerações. Considerações ligeiras, porque mesmo que eu dispusesse das 24 horas do dia para discorrer sobre matéria tão relevante não a esgotaria.

Antes de mais nada: o que é a magia?

Para os letrados (aos milhões) do século em que vivemos é superstição grosseira, ignorância e exploração da credulidade humana.

Mas, nós que lidamos com a magia, que a realizamos, que vemos os seus milagres diários, sabemos que magia é a ciência da vida e da morte, é a ciência do bem e do mal, é a arte magna que nivela o homem aos deuses.

A magia, segundo o sábio Adolfo Weiss, que a estuda a luz das ciências oficiais, revela-se irmã maior da moderna física dos raios e seus domínios. É aquele mundo intermédio, entre o mundo conhecido ou material e o do éter, sobre o qual apenas se pode fazer conjecturas.

E acrescenta aquele ilustre sábio: a magia é, portanto, uma ciência dos fluídos que constituem um ramo conhecidíssimo das ciências naturais.

O que fazemos nós em Umbanda, meus queridos amigos? Aproveitamos, por processos de magia, os fluídos, que a ciência reconhece e que enchem o espaço que nos rodeia, para aplicá-los em benefício da humanidade sofredora.

E de que meio nos valemos para a aplicação desses fluídos?

Todos nós que frequentamos as Tendas de Umbanda sabemos como se realizam as suas sessões de magia e como chamamos os nossos Guias, que outra coisa não fazem senão manejar esses fluídos com a sua incomparável maestria.

Lemos ainda em Adolfo Weiss que "no universo existem forças encarregadas por Deus, que se chamam anjos ou demônios, gênios ou espíritos. São inteligências imateriais. Esses gênios possuem faculdades peculiares com as quais podem exercer , sob certas condições, uma influência relativa sobre a Natureza. Cada um dos gênios tem nome, número e signo determinados. Estas três características servem para chamar o gênio respectivo a fim de que cumpra algum encargo na esfera dos fenômenos naturais que lhe são adequados".

Nunca ninguém disse tanto, em tão pouco, que melhor pudesse caracterizar a verdadeira natureza dos admiráveis Guias, que sob a denominação irrisória de Caboclos e Pretos Velhos vem fazer caridade nos terreiros de Umbanda aos orgulhosos senhores da Terra.

São os nossos Guias, ***gênios*** ou ***inteligências imateriais***, como os qualifica o sábio alemão, os Mestres da magia natural, os manipuladores dos fluidos que curam as moléstias físicas ou psíquicas, os trabalhadores do laboratório do astral, este mundo intermédio a que já aludimos, que em Umbanda chamamos Linha das Almas.

É a manipulação desses fluídos, boa ou má, com objetivo de curar ou de matar, de fazer a felicidade ou a desgraça de alguém, é o que se chama magia.

O tema é empolgante.

A magia, que é tão velha como o mundo, ou mais velha, tem tido seus períodos de fastígio e decadência, tem imperado sobranceira e vivido ocultamente, sob mil disfarces, em terríveis épocas de perseguição. Mas nunca deixou de ser exercida, fosse qual fosse a sorte reservada aos seus adeptos, ora chamados de alquimistas, ora de bruxos, feiticeiros, magos, negros etc.

Não sendo religião, todas as religiões a praticam, mesmo inconscientemente, ou ignorando que a fazem os seus sacerdotes, quando realizam cerimônias, que outra coisa não são senão operações de alta magia.

Na Igreja Católica, que tanto combate nos tem feito, procurando o nosso aniquilamento, são outros tantos aos mágicos a missa celebrada diariamente nos seus altares, os batizados, os casamentos, as encomendações dos cadáveres e todos os chamados sacramentos.

O padre invoca, ao realizar qualquer cerimônia litúrgica, os seus santos, para nós espíritos, gênios ou inteligências imateriais, que tem um nome, um número e um signo ideográfico determinados.

Reparemos os símbolos usados nas igrejas, os objetos do culto, as imagens, a roupa ritualística bordada com signos misteriosos, que os sacerdotes vestem, as palavras que pronunciam ou cantam, absolutamente cabalísticas, as essências olorosas que queimam, a água com se aspergem, os mil e um passos ritmados que dão ao realizarem a cerimônia, os gestos mágicos que fazem etc.

Tudo isto é magia, com outro rótulo para o povo ignorante.

E não se pejam de dar-lhe combate, a insultar-nos, como ainda em princípios deste ano fez o Cardeal Câmara.

Despeitado por não ter podido realizar, a 31 de dezembro passado, a tão propalada missa, na então inacabada Praça do Congresso Eucarístico, missa que tinha como primordial objetivo tirar o brilho das festas que anualmente realizamos nas praias da cidade maravilhosa e do Estado do Rio, aquele padre da Igreja Católica procurou ferir-nos, chamando-nos "emissários do inferno" e qualificando o nosso culto à Senhora dos Mares de "ridículo, degradante e pecaminoso", Isto foi publicado no vespertino *O Globo*, de 8 de janeiro deste ano.

Mas os insultos não nos atingiram. E enquanto o cardeal se enchia de raiva, por não ter podido realizar a sua missa e assim desviar das praias a massa humana que para elas se deslocou, nós realizávamos, mais uma vez, com um brilho excepcional, a nossa festa de devoção, o nosso rito de magia à Divina Mãe de Umbanda e do Universo, aquela que não tem idade, porque é o próprio Deus com forma, ou em movimento, na sua eterna representação da divina energia.

Vale aqui um parêntese para uma amarga observação. É verdade que, para tristeza nossa, a maioria dos que se dizem umbandistas ainda se sente na obrigação de prestigiar os padres católicos, levando às suas igrejas os filhos à batizar, a fazer a comunhão, a casar etc., esquecendo, infelizmente, que são por eles desprezados e injuriados e nivelados a "emissários do inferno". Mas, que se há de fazer? Eles sentem verdadeiro prazer em contribuir com milhares de cruzeiros para canalização da fortuna que anualmente é carreada para os porões do Vaticano! Recebem os benefícios que os Pretos Velhos e os Caboclos lhes proporcionam gratuitamente e como escravos vão pagar o tributo que lhes é cobrado sem piedade pelos padres da igreja, do jugo dos quais não conseguem libertar-se. É uma verdadeira infelicidade!

Mas, voltemos à magia, que em Umbanda praticamos conscientemente e com a certeza do bem que por seu intermédio pode ser realizado para felicidade da humanidade sofredora.

E como sabemos que o homem nada pode realizar por si só e que, como diz ainda o sábio Adolfo Weiss, tem que conformar-se com as leis da força de que deseja aproveitar-se, invocamos humildemente as poderosas inteligências imateriais, que constituem os Guias de Umbanda, que acorrem ao nosso chamado, feito com a mais pura e sincera fé, e que realizam, sob os olhos atônitos dos que os invocam, os milagres diários, que dão vida aos condenados à morte pela ciência, que proporcionam felicidade aos desesperados da Vida, que confortam o coração dos aflitos com as palavras de amor e esperança que sabem dizer quando é necessário, que levantam os espíritos abatidos pela dor e que nos mostram a cada passo como é vã e tola nossa vaidade e como são pequenos os que se julgam alguma coisa.

Meus amigos, façamos hoje, em homenagem ao Senhor da Magia, o nosso incomparável Xangô, um ato de fé nos destinos de Umbanda, a magia divina praticada nos terreiros, que será, em dia que não está longe, a religião do povo brasileiro.

Saravá Umbanda! Saravá Xangô!

O segundo milagre de Iemanjá

José Alvares Pessoa

Jornal de Umbanda, **Fevereiro/Março de 1956, n. 63/64**

A Igreja Católica Apostólica Romana não se conforma com a avassaladora propagação, em todo pais e principalmente no Rio de Janeiro, do culto de Iemanjá, a soberana dos mares, a senhora do mundo e a rainha do Cosmos.

E, pela segunda vez, julgando-se detentora máxima do poder, resolveu, nos fins do ano passado, tentar acabar com o ritual que no dia 31 de dezembro, à meia noite, os devotos umbandistas vêm realizando há vários anos nas praias, para prestar homenagem à dona dos mares e receber suas benções e suas graças e assim entrar bem o ano novo.

Com esse objetivo, o cardeal Jaime Câmara e o seu coadjutor Arcebispo Helder Câmara determinaram que se realizasse no dia 31 de dezembro uma procissão-monstro, que deveria sair do Hotel Leblon e, percorrendo todas as praias da zona sul, terminaria no Russel, onde armado, à custa do dinheiro do povo, esbanjando nababescamente pelas autoridades civis, se achava o altar onde seria realizada uma pomposa missa, acompanhada de foguetes, fogos de artificio etc.

A coisa foi trombeteada em todos os jornais, sendo convocados para o seu acompanhamento todos os cidadãos do Distrito Federal e do Estado do Rio e obrigados a tomar parte, por ordem superior, os garbosos componentes do esquadrão dos Dragões da Independência e os valorosos soldados da Polícia Militar.

Tudo muito pomposo, muito reluzente, muito chic.

Mas, não se tratava como, era apregoado, de encerrar-se o ano Eucarístico, com uma homenagem à Senhora de Fátima, que no andor, seria levada até o Russel.

Cavilosamente, como é do seu hábito, os padres da Igreja de Roma só tinham um objetivo: prejudicar as festas de Iemanjá.

Estava na cara, como se diz na gíria carioca. Os próprios indiferentes comentavam o caso.

Os padres católicos nunca festejaram com manifestações religiosas públicas a passagem do Ano Novo. Nem aqui no Brasil, nesses seus 400 anos de existência depois da descoberta, nem da Europa, nem em qualquer parte do mundo se tem notícia de que a Igreja de Roma tenha promovido um ritual religioso em tão grande dia.

No Natal, sim. É tradição dos padres católicos a missa do galo, realizada à meia noite nas igrejas, e nas cidades do interior em praça pública, essas chamadas missas campais.

Tomando conhecimento do assunto, os umbandistas prepararam-se para mostrar aos reverendíssimos que estariam a postos para o cumprimento do seu ritual, COMO DE FATO ACONTECEU, não se misturando de modo algum aos devotos da Igreja que naturalmente iriam acompanhar a procissão.

Consideraram o caso como uma verdadeira provocação. Mas a resposta seria dada nas praias com as invocações à doce Mãe de Umbanda.

Mas quem dispõe do poder na terra não deve desafiar o poder dos Céus!

Iemanjá – que é a representação material na terra da energia divina em movimento, a senhora absoluta dos elementos – vendo a malícia que se aninhava no coração dos padres de Roma, resolveu mostrar-lhes que se eles propõem, Ela é quem dispõe. A última palavra é Sua e Ela, que é toda misericórdia e bondade para com os humildes, castiga sem pena os que, orgulhosos, se imaginam alguma coisa.

O dia 31 de dezembro amanheceu até bonito. Parecia que os homens de Roma iam ter uma linda festa e que, com o poderio de que dispõem e com o dinheiro do povo que lhe tinha sido dado de mãos beijadas, **abafariam**, humilhando os pequenos umbandistas, que, pensavam eles, ficariam às moscas nas praias.

À tarde caiu um terrível temporal. Mas logo, como chuva de verão, amainou: o céu ficou azul. Veio a noite. E às dez horas, mais ou menos, justamente à hora em que os devotos católicos se dirigiam para o local aprazado, congestionando o tráfego da zona sul, para atender ao convite, tão repetidas vezes trombeteado pelos jornais, começou a cair uma chuvinha impertinente, miudinha, que foi engrossando, até tornar-se torrencial lá para as onze horas e assim permanecendo por toda a madrugada do dia 1 de janeiro.

A procissão ainda chegou a arregimentar-se e a pôr-se em movimento, Mas, **não havia devoção que resistisse à chuva no lombo** e como **enterro de pobre** o carro que conduzia o andor da Senhora de Fátima **seguiu só o seu melancólico roteiro,** acompanhado apenas pelos "Dragões da Independência", e esses mesmos tiveram que dispersar-se, refugiando o andor noutras bandas, porque à Praia do Russel, ONDE NÃO HOUVE MISSA NEM NADA, não chegou.

Iemanjá fez pela segunda vez o seu milagre, mostrando aos orgulhosos homens de Roma que eles são pó e nada mais.

As chuvas rolaram. Como em dezembro de 1954, quando o Cardeal Câmara lembrou-se de, pela primeira vez, desafiar Iemanjá, tentando empanar o brilho de suas festas com uma missa no dia 31 no aterro da chamada Praça do Congresso.

E as chuvas rolaram e rolarão sempre até que a malícia se afogue no coração dos homens maus que não tem sentimento de fraternidade, que são egoístas e intolerantes e não querem respeitar o modo por que os outros adoram a Deus. **E as chuvas rolando não prejudicam o ritual dos umbandistas, que é feito dentro da água**.

Que não se esqueçam os arcebispos Câmara – Jaime e Helder – que Iemanjá é a senhora das águas e as fará rolar, ou para transformar em tremendal uma praça, como a do Congresso em 1954, ou para afogar os ímpios que se atrevam a desafiar a sua força...

Umbanda ou a ressurreição dos antigos mistérios

W. W. da Matta e Silva

O Semanário, **25 de abril de 1957, n. 55**

Umbanda como Lei, Expressão e Regra, é a força mágica, que **abarca** ou **enfeixa**, todo este tremendo e crescente **movimento religioso**, já alcançando milhões de criaturas, através de milhares e milhares de agrupamentos-afins (Tendas, Cabanas, Terreiros, Centros, Templos, Ordens, Fraternidades, Casas etc.), já existentes por quase todos os Estados do Brasil.

O vocábulo Umbanda somente pode ser, dentro das qualificadas de línguas mortas, assim como sânscrito, no pelhvi, nos sinais védicos e, diretamente, na língua ou alfabeto adâmico ou vatânico, dito primitivo da humanidade, quando entre este e aqueles, a tônica dá as variações próprias, desde o AUM-BAN-DAN, ÔM-BAN-DÁ, UM-BAN-DÃ, AUM-BAN-DA, ÔM-BAN-DHA etc.

Sua origem se perde na pré-história... Todavia, entre os Angoleses, existe o termo forte de KI-NBANDA – kia kusaka ou kia dihamban – que significa, sacerdote, feiticeiro, o que cura doenças, invocador dos espíritos etc., **firmado** no radical MBANDA (parte inflexível), conservado através de milênios, legado da tradição oral da raça africana, o qual é uma corruptela do original U-MBANDA, conhecido de seus primitivos sacerdotes (que também foram depositários do mistério ou da síntese religiosa que esta **palavra** traduz), quando os Templos se erguiam, imponentes, no Alto Egito, e na lendária Índia, em remotas épocas.

Fazemos notar também, que deste vocábulo trino, os Brahmas identificam apenas uma expressão – o **AUM** védico...

O valor real desta **palavra**, transcende da maneira comum, pronunciada por nós a própria magia do som, isto é, das vibrações. Ela tem uma vocalização especial, usada na parte esotérica, pois se transforma em poderoso **mantram**, que corresponde ou provoca certas correntes fluídicas de harmonia, no psiquismo, pelo **chackra** ou Plexo Frontal.

Então comprovamos que Umbanda é um termo místico, sagrado, vibrado, litúrgico, implantado de 40 anos para cá (depois de 1917),[1] pelos espíritos chamados de **caboclos** e **pretos velhos**, dentro dos cultos Afro-Brasileiros, quando estes ambientes alcançaram certa **tônica espiritual** e **quando se fez necessário** traduzirem por **ele**, uma coordenação de Princípios, Fundamentos, Sistemas e Regras, e significa, em realidade – CONJUNTO DAS LEIS DE DEUS...

Elucidação necessária

Devemos esclarecer, para que se compreenda bem o exposto, que os nossos irmãos africanos, aportados no Brasil, como escravos, já tinham seus cultos e como **elemento básico**, impulsionando a razão de ser dos rituais, a **invocação dos Orixás**, como manifestação espirítica: era o decantado "estado de santo" – transe mediúnico para nós e excitação ou *l'animisme fetichiste* de Nina Rodrigues – onde os "pais de santo e respectivas filhas" ficavam "possuídos pelo Orixá"...

O fenômeno espírita propriamente dito, considerado por eles, como o vértice de seus terreiros, era o da manifestação do referido Orixá, que nenhum Babalaô ou Babá, dos tempos passados e presentes, JAMAIS definiu ou caracterizou como sendo um espírito de preto, branco, mestiço ou alemão, francês, japonês etc. O conceito, até hoje fundamentado, é o seguinte: Os Orixás ancestrais, que interpenetram, ora como força divinizada da natureza, ora como Espíritos Superiores desta mesma natureza, ora como "deuses da mesma categoria dos anjos

1 Na verdade 1908 (nota do organizador).

no cristianismo" – não baixam, isto é, **não se manifestam no sentido de transe mediúnico**, não incorporam. Os que **baixam** são os Orixás intermediários. Estes na variação do conceito de modernos Babalaôs, não devem "ser confundidos com espíritos **elementais**, nem tampouco com o santo católico", que vem a ser um EGUN... E ainda: os africanos, fora da cerimônia funerária, na qual invocavam a alma do **pai de santo** morto, esperando viesse ditar sua última vontade, não aceitavam, ou melhor, nem cogitavam em eguns, nos seus rituais ou praticas religiosas...

Os Orixás intermediários devem ser forçosamente, pela Lei de Afinidades, espíritos de certas categorias cuja evolução, ainda os sujeitam ao carma coletivo e individual. Foram necessariamente, **encarnados** – passaram pela vida terrena – e incontestavelmente, EGUNS. Estes, segundo os ensinamentos, são espíritos de desencarnados... Portanto, a **natureza dos espíritos** que se manifestavam nos "cavalos ou médiuns", considerados como Orixás, era uma incógnita para os africanos... E, não sabemos se os atuais **sacerdotes** desses cultos já resolveram esse "mistério".

Para **nós outros**, dentro da iniciação genuinamente umbandista, este "mistério" não existe. Sabemos que os classificados como Orixás intermediários, atuantes exclusivamente no primeiro plano desta Grande Lei, são exatamente o que o esoterismo indiano conhece como **Nirmanakayas**. Precisamente como diz Arthur C. Powel em sua obra ***El Cuerpo Astral***:

> Un Nirmanakaya fué um ser humano que há alcanzado la perfeccion, que há puesto de lado su cuerpo físico, pero conserva sus princípios inferiores, manteniendo-se en contato com la tierra, al objeto de ayudar em la evolucion de a humanidade. Estas grandes entidades pueden comunicarse e, em contados casos, se comunican, valiendose de um medium, pero este ha de ser muy puro e de caracter muy elevado.

Mas, o que ainda ficou claro e patente, é que este fenômeno ou costume de Babalaôs receberem espíritos de "caboclos e "pretos velhos" – que são desencarnados, eguns – estabeleceu--se, ou melhor, tornou-se em REGRA, depois, muito depois, quando se firmou completamente o entrelaçamento com o meio aborígene e subsequentes mesclas. Em suma: a atuação deste espíritos deu-se como processo ou movimento evolutivo, **imperativo**, gerado ou nascido AQUI, nas boas terras brasileiras, sob a vibração do **Cruzeiro do Sul**, ao findar a Era de Pisces... Foi este o PROCESSO, o fixador da influência e respectiva CONSOLIDAÇÃO do que, conscienciosamente afirmamos como Lei de Umbanda...

É absurdo e ridículo, supor-se que Seres desencarnados do **estado** de índios kalapalos, xavantes ou de africanos, destas tribos ou nações ainda existentes, em condições primitivas, lhes sejam facultados pelos Orixás Superiores (conhecido no esoterismo oriental como Senhores do Karma – os Lipikas – pois que o nome não altera a essência da coisa), atuarem pela manifestação mediúnica, a fim dc cnsinarem aquilo que eles **não sabem**, isto é, manifestarem conhecimentos profundos, movimentarem forças sutis da magia, com alto discernimento de causas e efeitos etc., conhecimentos estes, somente adquiridos em sucessivas provas e experiências, por intermédio de outras **condições humanas**.

É **ponto fechado** nos ensinamentos ocultos, que os remanescentes atrasados de nossa 5ª Raça-Raiz (raça no sentido de todos os seres que povoam o Planeta Terra) continuam se encarnando em povos ou tribos que ainda representam períodos do passado, como sejam os ditos aborígenes da América, África e certos ramos asiáticos, devido, justamente, aos seus estados de consciência ou pouco adiantamento. Todavia admitimos que muitos destes, possam atuar em ambientes e criaturas afins aos subplanos. Porém nunca como os que conhecemos e se identificam como Protetores, Guias e Orixás intermediários... Da grande Lei de Umbanda.

Doutrina

Na doutrina estas supracitadas Entidades, de "caboclos e pretos velhos", ensinam da existência de um Ser Supremo – (a mesma *Deidad* ou *Sat* – Raiz sem Raiz – da Doutrina Secreta) Causa Primeira que movimentou todos os Princípios, onde todas as especulações (sobre Ele) se limitam entre as clássicas interpretações filosóficas e teológicas de todos os tempos, e a fé ou grau de alcance espiritual de cada um...

Ensinam também que Ele deu vida ativa a todos os Espíritos para se tornarem nos EGOS individualizados, que, sistematicamente, tomam a forma humana, desde as noites da Eternidade. Afirmam mais que Deus (ou Zambi, Olorum, Obatalá, Tupan etc.) revelando os Seres e criando as Leis – cósmicas, de causas e efeitos etc. – por certo que revelou ou estabeleceu também a Lei Una ou seja, a Verdade Imutável (a verdade entra no aspecto do **Relativo**, de acordo com as concepções, penetrações, isto é, em **relação** com os já mencionados **estados de consciência** dos homens), com suas Regras morais, espirituais, imprescindíveis ao crescimento desses mesmos Egos, nos sucessivos Ciclos de Evolução ou seja, desde a 1ª Raça Mãe, dita Adâmica, até a atual, no meio de sua 4ª Ronda ou Círculo de Provas...

Consideram mais que esta Lei Una, com suas LINHAS DE FORÇA – estabelecidas pelo CRIADOR – DETERMINAM as Correntes de Equilíbrio e Ascenção – fisio-psíquicas-espirituais e são **realmente**, o que conhecemos, esotericamente, como as 7 LINHAS DA UMBANDA e que, esotericamente, são confundidas e chamadas de "linhas de santo", linhas disso ou daquilo. Essas Eternas Verdades, transcendentais no verdadeiro Meio Umbandista, JAMAIS devem ser comparadas com os dogmas ou convencionalismos de outras religiões ou escolas...

Devemos frisar que os espíritos de "caboclos e pretos velhos" se apresentam nestas formas, para se identificarem como militantes da Lei, por afinidades com antiquíssimas encarnações onde muito sofreram, para simbolizarem assim a individualidade nestes estados – como Pureza, Simplicidade, Humildade... Pois bem, repetem sempre, que a Umbanda revivendo a original Tradição, por intermédio deles, tem por Missão precípua, restaurar certos ensinamentos ocultos, em paralelo com a capacidade de aferição dos humanos, a fim de evoluírem mais rapidamente, pois é visível o atraso espiritual desta raça ainda envolta em duros cascões – astrais, mentais, religiosos, sociais etc.

Realmente estas entidades vêm lutando tenazmente dentro

dos agrupamentos afins no sentido de elucidarem as criaturas, ainda sensíveis pelo atavismo latente a se arraigarem a influências diversas, no próprio meio onde é atuante o fetichismo e as práticas absorvidas de outros setores religiosos. A dificuldade primordial destes "caboclos e pretos velhos" está em que, para doutrinarem, conservando seus ensinamentos corretos – não deturpados – livres destas tendências e práticas, necessitam do fator mediúnico e este é complexo, nem sempre tem veículos (denominados médiuns, aparelhos, mediadores e até cavalos etc.), apropriados, para se externarem **verdadeiramente**. Estes veículos são realmente, os pontos vitais na Umbanda...

Dentro da ciência dos números

De fato, as nossas Entidades já deram a prova de serem os defensores das Antigas e Eternas Verdades, e para isso, identificaram Umbanda como a primitiva Lei Religio-Científica, dando pela ciência dos números, sua própria NUMEROLOGIA – CHAVE FUNDAMENTAL, citada e ansiosamente pesquisada no todo, pelos Iniciados das várias Escolas, inclusive pela própria H. P. Blavastki (fundadora da E. Teosófica), que fundamenta sua Doutrina Secreta (1º vol.) nas 7 Estâncias do "Livro de Dyzan" (estas Estâncias se baseiam nesta numerologia, porém, velando ou ocultando, todo arcabouço desse sistema de números, básicos, relacionados diretamente com a Cosmogonia Esotérica e com as Hierarquias Divinas até as Sub-humanas), argumentando repetidamente nesta **chave sagrada**. Fazem a mesma coisa, robustecendo conceitos ou ensinamentos, Roso de Luna, Sinet, Figaniéri, A. Besant, e dezenas de outros mais em suas obras...

Análise do panorama do meio

Todas as religiões tem sua parte interna (ou esotérica) e externa (exotérica ou pública) e se fizeram distintas, entre si, porque particularizaram sistemas e regras, isto é: foram interpretadas ou concebidas em relação com as conveniências políticas, sociais, morais e espirituais de povos ou raças, pelos seus sacerdotes e autoridades religiosas que formaram ensinamentos, em livros sagrados, variando, velando ou deturpando pelo Relativo, o aspecto Uno da Verdade. E assim é que os mitos, símbolos e ritos são véus com os quais **envolveram as massas**. Todavia, estes véus, são desvelados, em justaposição com as necessidades e penetrações dos iniciantes, dentro do critério com que foram criados ou seja: só o podem fazer, os realmente capacitados ou autorizados... Esta é a regra.

Finalizando

Como não temos mais espaço, reafirmamos o que disse o irmão H. de S. em reportagem anterior: "Umbanda é a LUZ nas TREVAS"; é também o que disse o confrade R. de C. "Umbanda é caminho, é sentimento, é magia, é símbolo. Veio de longe, de onde? Veio de sempre para o nosso amor". Tudo isso se harmoniza em nosso coração e nos fez sentir nestas composições a mesma mística, quando dos arcanos profundos d'alma, o verbo fremente interroga:

– SENHORA DA LUZ – QUEM ÉS? – Eu sou a Umbanda – vibração mágica de amor e força – ELO envolvente que atinge a tudo e a todos!

Como Expressão e Regra, sempre me apresentei Velada pelo próprio Manto do Criador! Envolta nele, estendi as variações de minha "forma-luz" sobre os povos, através dos séculos...

No entanto eu sou a Primitiva Revelação, Alma do Mundo, sem princípio e sem fim, dentro do seio da Eternidade!

Já me fiz interpretar, inúmeras vezes, sendo assim decantada, na concepção e na fé: "Eu sou a Natureza, mãe das coisas, senhora de todos os elementos, origem e princípio dos séculos, suprema divindade, rainha dos Manes, primeira entre os habitantes do Céu, tipo uniforme dos deuses e das deusas. Sou eu cuja vontade governa os cimos luminosos do Céu, as brisas salubres do oceano, o silencio lúgubre dos infernos, potencia única, sou pelo Universo inteiro adorada sob várias formas, em diversas cerimônias, com mil nomes diferentes. Os Frígios, primeiros habitantes da terra, me chamam a Deusa – mãe de Pessinonte; os atenienses autóctones me nomeiam Minerva, a Cecropana; entre os habitantes da ilha de Chipre, eu sou Vênus de Paphos; entre os cretenses, armadores de arco, eu sou Diana Diehjna; entre os Sicilianos que falam três línguas, eu sou Proserpina, a Stiglana; entre os habitantes de Elêusis, a antiga Ceres, uns me chamam Juno, outros Belone, aqui Hecate, acolá a deusa de Ramonte. Mas aqueles que foram os primeiros iluminados pelos **raios do sol nascente**, **os povos Etiópicos**, **Arianos e Egípcios**, poderosos pelo antigo saber, estes me rendem um verdadeiro culto e me chamam pelo meu verdadeiro nome: rainha de ISIS" (Apuleia – "Metamorfose", IX, 4).

Porém, entre aqueles do passado, no presente, existem muitos, que conseguem me ver sem o véu de ISIS e para estes Eu sou a Lei – a Unidade – excelsa manifestação do Verbo, que harmonizo minha tônica, através dos Planos e Subplanos e me faço atuante, pelo Relativo na Verdade, dentro dos corações de todas as criaturas que neles se situam. E, hoje, também, que de meu antigo berço, mil cânticos me evocam, farei reviver, das brumas do esquecimento, como imperativo da Nova Era que chegou, os Antigos Mistérios – a perdida síntese Relígio - Científica...

Figura 19: Foto de Matta e Silva no *O Semanário*, 25 de abril de 1957, n. 55. Apesar da baixa resolução, vale o registro histórico – Fonte: *http://obdigital.bn.br*

"UMBANDA DE TODOS NÓS"

UMBANDISTAS!

Leiam o compêndio Hermético

Já considerado a bíblia da UMBANDA — ilustrado com mais de uma centena de clichês — inclusive um policrômico de 40 x 60 cms. de sua numerologia!

PREÇO CR$ 200,00 NAS PRINCIPAIS LIVRARIAS

Atenção

A Caminho do prelo! "A DOUTRINA SECRETA DA LEI DE UMBANDA".

Obras fundamentais de W. W. da Matta e Silva.

Figura 20: Propaganda do jornal *O Semanário*, 25 de abril de 1957, n. 55 – Fonte: *http://obdigital.bn.br*

Caboclos e pretos velhos da umbanda

João Severino Ramos

O Semanário, **15 de agosto de 1957, n. 70**

Um dos motivos até a pouco alegado por numerosas pessoas espíritas ou não, para justificar as aplicações para forma de trabalhos dentro das Tendas Espíritas de Umbanda dirigidas por Guias "Caboclos", por elas considerados em uma categoria inferior aos que atuam nos demais Centros Espíritas. Sente-se, entretanto, por toda parte, que tais reservas estão desaparecendo diante da surpreendente eficácia das atividades benéficas dos nossos Caboclos e Pretos Velhos, nos trabalhos nas Tendas de Umbanda, de cura e de desobsessão, realizando não raras vezes em menos de um mês, o que na antiga modalidade científica levaria talvez mais de um ano. A razão por que tal fenômeno se verifica é que constitui em si mesmo um dos objetivos dessa grandiosa organização espiritual. No presente capítulo desejo elucidar o quanto possível, a natural curiosidade do povo a respeito dessas personalidades por vezes exóticas, em sua forma de falar e de agir, sempre envoltas numa grande modéstia, quando os Caboclos e Pretos Velhos nos falam de si próprios, atribuindo-se invariavelmente ausência absoluta de conhecimentos mais altos.

A verdade, porém, é que um Espírito "Caboclo" que chegue a obter permissão de incorporar num médium, entre nós, para trabalhar pelo bem do próximo, está muitos graus acima da cultura mais aprimorada de qualquer ente humano por mais sábio que este se julgue. E a prova disto é que nenhum homem culto ainda conseguiu "derrubá-los" com a sabedoria, sendo pelo contrário, por eles elucidado sob múltiplos fenômenos cuja causa muitas vezes desconhece.

Os Caboclos e Pretos Velhos são em geral Espíritos que completaram o seu curso de aperfeiçoamento moral através de sucessivas encarnações na Terra, a última das quais teve lugar no recesso das matas seculares, com a finalidade precípua de se familiarizarem com as variadíssimas propriedades terapêuticas da flora americana. Daí uma das razões pelas quais esses bondosos amigos sempre recorrem às plantas medicinais para a cura de moléstias que a atual farmacopeia não consegue debelar.

Sua linguagem simples e ao alcance de todas as inteligências, caracteriza-se algumas vezes pelo exotismo de dialetos absolutamente desconhecidos entre nós, recorrendo esses Espíritos frequentemente à parábola para nos obrigarem a exercitar, desenvolvendo a nossa capacidade de raciocínio. Usando habitualmente desta nas sessões de trabalhos de cura e desobsessão, cuja média de frequência é de pessoas menos cultivadas, os Espíritos chamados Caboclos e Pretos Velhos podem transformá-la por completo, empregando expressões da mais alta intelectualidade, com uma eloquência e riqueza de imagens capazes de encantar as pessoas de cultura aprimorada. Tem assim, estes abnegados trabalhadores do espaço infinito a faculdade de utilizar a linguagem que melhor se adapte ao ambiente em que tenham de operar.

Casos existem, e não poucos, de médicos notáveis, absolutamente descrentes do Espiritismo, comparecerem às Sessões da chamada Tenda Espírita de Umbanda com a intenção preconcebida de colher argumentos para combater cá fora essa organização que tantos adeptos vem criando por toda a parte, e, ao cabo de alguns minutos de conversação com o Guia Chefe dos trabalhos, converterem-se sem reservas, tal a sabedoria demonstrada por esses Guias Espirituais, elucidando, os quais sempre nos misteres mais árduos de sua clínica. E assim se explica o ingresso nos trabalhos das Tendas de Umbanda, nela exercendo abnegadamente elevadas funções mediúnicas, de verdadeiros Espíritos de escol ao serviço da medicina na presente encarnação, cuja clínica grandemente se desenvolveu pelo acerto e precisão.

É que, sendo médico um Espírito essencialmente intuitivo, cujo acerto no exercício da profissão tem de depender do grau de desenvolvimento desta faculdade mediúnica, a intuição, o seu ingresso em uma organização espiritual, como a de Umbanda, faculta-lhe a aproximação de entidades especializadas na arte de curar, capazes de esclarecê-lo, instruindo-o para o bom êxito da sua elevada missão de curar os enfermos do corpo. Um fato recente, registrado nesta capital, pode bem servir para demonstrar o grau de elevação desses nossos amigos invisíveis que se acham incumbidos de difundir entre nós a doutrina salutar do Espiritismo, através das Linhas Espirituais da Umbanda.

Relatando-o, omitirei os nomes das pessoas nele envolvidas, por não ser meu intuito senão o de exemplificar para esclarecimento dos mestres estudiosos, acerca do valor dos Guias, Espíritos que se nos apresentam em forma de Caboclos e Pretos Velhos.

Como é natural, pratica-se a forma de trabalhos característicos dentro dos seus rituais. Seus dirigentes prosseguiam satisfeitos, na faina abençoada de poder socorrer a quantos lhes batiam à porta; enfermos do espírito e do corpo, ajudados no espaço infinito por algumas falanges de grandes Caboclos, um dos quais as guiava e protegia, por delegação de entidades superiores. E os trabalhos caminham, segundo a capacidade de produção da Tenda em referência.

Como, porém, todos quantos na Terra nos dedicamos ao Serviço do Mestre, como obreiros da Seara Divina, temos, porém, de ser experimentados a todos os momentos em nossa capacidade de resistência às influências do mal que nos espreitam a oportunidade de nos desviar do bom caminho, os dirigentes daqueles núcleos deram ouvidos a certa influência que lhes dizia ser a Linha de Umbanda uma forma inferior de praticar o Espiritismo, sugerindo-lhes a transformação da Tenda em Centro Científico, onde poderiam gozar da presença de entidades realmente superiores ao invés de Caboclos atrasados. Mal seguros na sua diretriz, e certamente pouco elucidados ainda acerca do valor e finalidades desta grandiosa organização espiritual que é a chamada União Espiritista do Brasil, as diretorias das Tendas decidiram apelar para a União Espiritista de Umbanda aceitar a sugestão, e após ter dado conhecimento do seu propósito ao Guia Espiritual Chefe desta organização, um Caboclo autêntico, com a adoção da orientação e forma de trabalhos do último quartel de século passado.

Iniciadas as suas sessões sob a nova modalidade, tiveram os dirigentes das antigas Tendas a satisfação de constatar segundo a palavra dos novos Guias Chefes, que ali estavam diversos luminares, prontos a cooperar para o maior êxito dos trabalhos. Se alguma dúvida pudesse existir no espírito dos dirigentes, acerca da veracidade eloquente em que mostravam pródigos os antigos doutores da Terra, cuja linguagem e elevação de sentimentos tanto deliciavam os ouvidos da diretoria e pequena assistência no novo Centro. E as sessões prosseguiram, sempre assistidas pelos grandes nomes que tanto fizeram pela doutrina em sua última estada entre nós, até que, meses decorridos, algo de anormal começava a empanar a alegria da direção da antiga Tenda de Caboclos.

É que os negócios materiais de alguns de seus membros estavam tomando aspecto desagradável, que os seus Guias de então não conseguiam modificar. O homem inteligente e dotado de várias capacidades agarrou-se a tudo quanto pudesse honestamente, e contribuir para atender às necessidades imperiosas do lar. Fez-se pintor, e nessa arte conseguiu dominar de certo modo a adversidade que tanto o preocupava. Seu espírito refletiu em sua situação e concebeu a ideia de invocar o antigo Chefe Espiritual da Tenda, o desprezado Caboclo, para ouvi-lo acerca do que se passava. Talvez ele tivesse meios de tirá-lo da dificuldade em que se debatia com sua família. Assim decidido, atraiu-o a uma consulta amiga em sua própria residência, o recinto sagrado da família, onde só a verdade, a pureza, a harmonia e o amor devem existir.

"Não estas, então, satisfeito com o teu espiritismo científico? Foi indagando logo de começo, o velho amigo Caboclo. Meu Filho; continuou: vós brancos da Terra sois muito fáceis de iludir. Na vossa ignorância e na vossa vaidade, nem sequer vos apercebeis de estardes sendo levados para o abismo, na suposição de estardes subindo para Jesus; que te aconteceu, foi à consequência lógica da tua resolução, abandonando uma forma de trabalhos que tanto beneficiava esses sofredores da Terra para te dedicares ao espiritismo de conversa, em que se aprende, mas não se produz. Mas fica sabendo, agora, que aqueles doutores que vocês escutavam com tanto orgulho, éramos nós mesmos, "os Caboclos atrasados" das matas virgens, que lá nos apresentávamos com nomes supostos, para satisfazer a vossa vaidade e a vossa ignorância; mas, descansa porque Jesus não despreza ninguém. Trata de organizar as nossas Tendas de Umbanda. Vamos voltar ao que éramos; simples humildes, e tudo se transformará para ti".

Foram, mais ou menos, essas palavras do velho Caboclo aos seus amigos da Terra. A transformação operou-se com a restauração das Tendas de Umbanda. Como que por milagre, foi reintegrado no seu posto de tabelião, restabelecendo-se também a normalidade de suas vidas. São Guias, Espíritos de grande valor de chefes espirituais, os que muita gente ainda chama desprezivelmente de Caboclos.

Certo intelectual, escritor e jornalista de mérito, mas curioso, apenas, das coisas transcendentes, lembrou-se de perguntar certa vez a um dos Guias Chefes Espirituais de maior projeção entre nós, que operam sob a forma de Caboclos, qual a razão, a imperiosa necessidade por que assim se manifestam nos médiuns, quando todos sabiam da sua grande elevação espiritual, e do imenso poder que já dispunha entre os abnegados trabalhadores nas Tendas de Umbanda; a entidade interrogada, que pitava no momento o seu charuto, tocou o charuto de leve, a parte acesa sobre a mesa que estava sentada uma pessoa para aliviar a cinza alongada, salivou calmamente para o lado, deixando que a saliva caísse perpendicularmente no recipiente apropriado, e esclareceu:

"Nego; você vai dizer uma coisa para o Caboclo. Se você que é um nego limpo, inteligente e gosta de andar sempre de branco, tiver um serviço a fazer dentro de uma oficina onde os utensílios sejam de natureza grosseira, e cujo ambiente enfumaçado ou impregnado de resíduos graxosos lhe possam sujar o terno; você irá com ele para trabalhar de uma a duas horas por dia nessa oficina? O intelectual respondeu-lhe prontamente: "Está visto que não". Nesse caso eu vestiria um macacão apropriado". "Pois é isto exatamente que nós fazemos, informou o Caboclo. Para vir trabalhar no meio de vocês, brancos da Terra, nós, por maior que seja a nossa elevação espiritual, preferimos recorrer ao nosso macacão que é o nosso perispirito, de quando fomos Caboclos, para podermos suportar as vibrações grosseiras do vosso ambiente terreno, ainda impregnadas de ódio, inveja, egoísmo, e que só o nosso grande desejo de vos ajudar a melhorá-lo, dá forças para suportar". Ai está nessa pequena elucidação, uma síntese perfeita do que são os Caboclos da Linha de Umbanda.

Inauguração da Tenda de Pai Antonio

Jornal de Umbanda, **Novembro de 1957, n. 74**

Em Boca do Mato, na Serra de Friburgo

O presidente da U.E.U.B. e senhora seguiram com a caravana da Tenda Nossa Senhora da Piedade, no sábado, dia 9 do corrente, em carros especiais ligados ao trem de carreira que partiu às 12:45 horas da Gare Presidente Dutra, em Niterói, rumo à cidade de Friburgo, para a festa de inauguração de mais uma grande casa espiritualista.

Às 17 horas, chegávamos à Serra. Recebidos pelo decano dos Babalaôs da União, irmão Zélio Fernandino de Moraes, que nos seus 49 anos de lutas espiritualistas, tem sido o grande esteio da nossa União em todas as horas de angustia e alegrias.

Fazia parte da caravana do Rio o nosso inseparável amigo Olívio Novaes que, pode observar o que de fato é o trabalho dos umbandistas do Brasil, o trabalho daqueles que querem um Brasil unido e uma Umbanda Divina.

Depois das apresentações e da fidalguia com que fomos distinguidos, o que bem caracteriza Zélio de Moraes, nos foi proporcionado todo conforto, apesar de forte temporal que desabou na região.

Depois de breve descanso e o jantar em aprazível granja, às 21 horas teve inicio a grande gira de confraternização umbandista entre Tendas de São Paulo, Rio e Distrito Federal.

Figura 21: Entrada da Cabana de Pai Antonio (década de 1970) – Fonte: *www.tendaespiritanspiedade.com.br*

Com a palavra, Zélio de Moraes fez o histórico de dez anos de lutas pela construção da Casa de Pai Antonio, naquele recanto aprazível, passando a palavra ao presidente da União Espiritista de Umbanda do Brasil.

O confrade Manoel Floriano da Fonseca fez um retrospecto da União até os nossos dias em que Zélio tem sido um companheiro como verdadeiro apóstolo da Caridade. Relembrou, ainda, os dias que precederam a circulação do primeiro número do JORNAL DE UMBANDA, cuja saída teve seu esboço na Tenda Nossa Senhora da Piedade e cujo bafejo ainda hoje nos anima.

Seguiu-se com a palavra o companheiro e jornalista Olívio Novaes que nesta qualidade teceu um hino de louvor à obra de Zélio de Moraes e seus colaboradores na concretização de um sonho, como seja a Casa de Pai Antonio, encravada dentro de uma das mais belas cachoeiras que possuímos. Logo depois, sob a vibração dos pontos de alegria, baixou Pai Antonio, que a todos atendeu com aquele carinho de sempre. Depois a velha Tiana, que para todos tem o mesmo "sim sinhô", e uma multidão de "velhos" confraternizaram às nossas vistas, pois que na Aruanda não alcançamos nunca as suas festas. Já ia alta a madrugada, quando foi encerrada a grande "gira", da qual ainda sentimos saudade. Nos recolhemos para o sono reparador e no domingo, após o café estávamos todos a postos novamente, para que o Caboclo das Sete Encruzilhadas renovasse o "amaci" que a 49 anos ele instituiu entre os seus filhos.

O presidente da União e senhora, também foram beneficiados com esta dádiva do Céu.

Após o "amaci" e os trabalhos de magia de ordem esotérica do ritual e o seu encerramento, fomos então visitar a Casa para descanso dos médiuns que precisavam de repouso e restabelecer de enfermidades, provida de todo o conforto, mandada construir por Pai Antonio para seus filhos. Fomos então à grande cachoeira, cuja visita para nós que tantas já temos percorrido, constitui um verdadeiro espetáculo.

O relógio não dava tréguas, daí voltamos à granja e, após o almoço embarcamos no trem que nos trouxe de volta.

Estivemos na casa de Zélio de Moraes a quem fizemos nossas despedidas e agradecemos a boa acolhida de toda a sua família.

Os decanos da umbanda

R. X. A.

Jornal de Umbanda, **Maio de 1958, n.** 79

O caminho áspero e cheio de urzes da Umbanda nem sempre faz os viajantes arrefecer o ânimo e desistirem de sua jornada. Isto talvez porque, homens e mulheres afeitos à luta e cheios de fé nos destinos que nos esperam além-túmulo, não buscam nem esperam qualquer compensação do plano da matéria e saberem, daí, trilhar a estrada gloriosa da religião umbandista, de viseira erguida trazendo no peito o brazão da fé e na alma o amor à caridade. Dentre os intemeratos umbandistas destacamos hoje, para esta crônica, o nome respeitável e fartamente conhecido através de seus 50 anos de lutas em prol da Umbanda de ZÉLIO DE MORAES.

Completará este velho companheiro de jornadas, no mês de novembro, 50 anos de atividades nos terreiros de nossa terra. Antes, entretanto, daquela data, queremos focalizar a homenagem que os filhos de fé e amigos desde as primeiras horas de sacerdócio do Zélio lhe prestaram, ao completar este 49 anos de lutas. Em magnifica solenidade que teve lugar na sede da Tenda Espírita Nossa Senhora da Piedade, dirigida pelo caro confrade, reuniram-se inúmeros companheiros para realçar os méritos do homenageado e lhe fazer a entrega de um lindo e bem confeccionado diploma de HONRA AO MÉRITO. O clichê que ilustra estas notas é do referido diploma que é bem um atestado eloquente e um testamento do quanto é estimado e querido pelos seus admiradores e mais ainda é a prova insofismável de tudo quanto tem feito no terreno da espiritualidade e da caridade sem condições. CAVALO do Caboclo das 7 Encruzilhadas, tem sabido, no exercício da mediunidade, prestar aos milhares de irmãos que buscam receber um lenitivo para seus males do corpo e da alma, e dar tudo de si sem nada exigir em troca.

Zélio de Moraes tem, hoje, uma folha de serviços prestados aos umbandistas, que já não se pode medir porque se perde no espaço do tempo que vai, desde quando começou na vizinha cidade de Niterói a prestar seus relevantes serviços mediúnicos, até agora quando de Norte a Sul do pais o seu nome é citado respeitosamente por quantos labutam na seara umbandista. Existem marcos de sua passagem na fundação de inúmeros terreiros de caridade, erigidos sob a égide do Caboclo das 7 Encruzilhadas em vários Estados da Federação. Ainda há pouco presenciamos a inauguração da Cabana de Pai Antonio, outro guia espiritual de Zélio e a quem muito devem milhares de criaturas que lhe buscam nas horas incertas da vida para receber dele uma segura decisão. Esta Cabana, situada em Boca do Mato, perto de Friburgo, é o atestado do espírito de denodo e de audaz batalhador desta figura amiga, que o correr de tempo encanece os seus cabelos, mas não conseguem envelhecer a sua alma. Antes, portanto, que chegue novembro, quando Zélio de Moraes festejará entre alegrias e flores – entre sorrisos e abraços – as suas bodas de Ouro dentro da Umbanda, queremos daqui nos congratular com este insigne lutador e companheiro desde as primeiras horas e a quem a Umbanda deve a fundação não só da sua entidade mater – a União Espiritista de Umbanda do Brasil – como também a publicação do JORNAL DE UMBANDA, que teve o seu primeiro número confeccionado na sede da Tenda Espírita Nossa Senhora da Piedade. Ao vovô da Umbanda o nosso SARAVÁ!

Figura 22: Celebração dos 49 anos de mediunidade de Zélio de Moraes – Fonte: *Jornal de Umbanda*

Na foto, Zélio está recebendo um diploma de honra ao mérito pelos inestimáveis serviços a causa da Umbanda. O diploma foi entregue por representantes da União Espiritista de Umbanda do Brasil (UEUB) presentes na Tenda Nossa Senhora da Piedade.

Um pouco mais sobre o pastor de umbanda

José Alvares Pessoa

***O Semanário*, 22 de maio de 1958, n. 109**

A obra de espiritualização dos adeptos da Lei de Umbanda pelo Caboclo das Sete Encruzilhadas nesses quase cinquenta anos de trabalho ininterrupto das suas Tendas, é alguma coisa de que devemos nos orgulhar.

Apraz-me rememorar, constantemente, a fim de que fique bem fixado na mente e no coração de todos os umbandistas e com o objetivo de dar um grande impulso para o maior engrandecimento da obra, o desprendimento de todos os que, durante esse tão largo lapso de tempo, vem colaborando, com rara tenacidade, para a conservação do patrimônio espiritual e moral constituído, como uma herança preciosíssima para nós, pelo humilde Caboclo das Sete Encruzilhadas.

Todo aquele que, sem *partpris*,[1] se der ao trabalho de fazer um estudo honesto sobre a história da Umbanda no Brasil, terá que chegar à conclusão – para nós muito honrosa e sobremodo grata – de que foram as Tendas do Caboclo das Sete Encruzilhadas que, sem receio dos trabalhos afanosos, das lutas incessantes com os que tinham interesse em combater-nos, num trabalho consciente de obediência à orientação do maravilhoso Guia, expurgaram os adeptos de Umbanda das tendências para a magia negra, impondo aos que as frequentavam um ritual simples, honesto, digno, de caridade real, porque ao mesmo tempo em

1 Opinião assumida antecipadamente, de maneira preconcebida ou tendenciosa (nota do organizador).

que cura os males físicos dos que as buscam, doutrina os espíritos mal acostumados, que comumente confundem Espiritismo de Umbanda com feitiçaria.

Não há nada melhor, nem mais admirável a se constatar até hoje. Se lançarmos um olhar em torno de nós, havemos de ver desde tempos que não vão muito longe, porque estão nítidos na memória de todos, a Tenda Nossa Senhora da Piedade, tendo à sua frente o espírito luminoso que é o nosso Guia, atraindo sempre milhares de adeptos que, em busca de lenitivo para os seus males de toda a espécie, a procuram como a verdadeira Meca de Umbanda!

Do seu seio saíram todas as organizações no gênero, feitas à imagem e semelhança; é uma comunidade em que todos os elementos, todos os lideres e os melhores médiuns conhecidos de Umbanda, foram feitos sob as suas vistas nas suas Casas, conviveram com o Caboclo das Sete Encruzilhadas, dele recebendo suas luzes; aprenderam e transmitem as suas magníficas lições.

A semente da verdadeira Umbanda saiu dos jardins de sua organização. Ainda hoje é ele o Maomé dessa nova religião, que toma vulto e já se propaga pelo País inteiro, do Norte ao Sul, do Leste ao Oeste!

Com a humildade que o caracteriza, limitou-se ele a preparar o edifício da Fé, da Espiritualidade simples e pura; ligou a Umbanda ao Evangelho de Jesus, adotando o lema Espírita "Fora da caridade não há salvação". Jamais pleiteou para a sua organização bens materiais, palácios ou ritual luxuoso; as suas casas continuam a ser o que sempre foram: portas abertas para todos os que sofrem, sem distinção de classe, credo ou cor; dinheiro é expressão que não se usa, porque a prática da caridade é feita nos moldes pregados no Evangelho de Jesus, sem olhar as condições das pessoas que batem à sua porta. "Dai de graça o que de graça recebeis".

Somos realmente os legítimos herdeiros de uma fortuna preciosa! A herança que nos foi legada pelo Caboclo das Sete Encruzilhadas constitui patrimônio riquíssimo, não em bens da terra, que depressa se acabam, mas precioso pelo que encerra do ponto de vista espiritual e, portanto, Eterno.

Temos o direito de nos sentir orgulhosos e felizes, mas, também nos cabe uma pesada tarefa, qual a de multiplicar a riqueza que nos foi confiada, fazendo-a render juros altíssimos que, aplicados com a honestidade com que até hoje trabalhamos, possam vir a ser distribuídos pela imensa família constituída pelos filhos do Caboclo das Sete Encruzilhadas, que aumenta em proporção animadora dia a dia.

O nosso dever é, pois, muito maior do que os nossos direitos.

Não é com mera formalidade das promessas que poderemos dar conta da nossa tarefa. O trabalho que temos diante de nós é talvez ainda mais árduo do que o que coube aos pioneiros que organizaram a obra há cerca de cinquenta anos. Os nossos inimigos combatem-nos a descoberto em todos os setores. Não temos mãos a medir, talvez não tenhamos tempo para um pequeno repouso; temos que estar unidos mais do que nunca e sempre vigilantes.

Ao tempo da ditadura passamos por momentos de verdadeira apreensão. Várias circunstâncias nos levaram a crer que iríamos ser privados de nossa situação; exigências da lei e das autoridades e causas materiais de diversas espécies pareciam ir privar-nos de tudo; chegamos a recear que fossemos obrigados a fechar nossas casas. Tudo isso nada mais foi, do que simples interregno para a segunda fase dos nossos trabalhos, que se mostram tão promissores e que abençoados pelo nosso grande Guia, levaremos mais adiante e mais fortes do que nunca.

Por isso, torna-se necessário em torno do nosso querido Chefe, o Caboclo das Sete Encruzilhadas e que, confiantes na proteção que nunca nos faltou, não esmoreçamos no cumprimento do dever, como tutelados do Nosso Senhor Jesus Cristo, cujo Evangelho é a nossa norma de conduta e o nosso Código de Honra, e como legítimos herdeiros do Caboclo das Sete Encruzilhadas, a quem humildemente pedimos força e serenidade para a luta, fé e amor para continuar a realização da sua obra, espalhando, com o desinteresse que tem sido o lema de nossa vida, a caridade de que os pobres necessitam.

O coração de umbanda

José Alvares Pessoa

***O Semanário*, 17 de julho de 1958, n. 118**

Um mistério, impenetrável aos não iniciados, costuma envolver as religiões, por mais primitivas que sejam, preservando-as, no que tem de mais precioso, da profanação daqueles que, espertos para se valerem de tudo quanto lhes possa ser de utilidade, não hesitam em cometer os mais graves sacrilégios para a satisfação dos seus mais baixos instintos.

São, pois, sempre velados, pela aparência, ora pomposa, ora estranha, ora simplória, do seu ritual, os trabalhos por meio dos quais os sacerdotes das diversas religiões entram em contato com as entidades divinas que na sua ânsia infinita de fazer o bem não se esquecem dos desgraçados que moureiam nesse planeta de tanto sofrimento e vencendo camadas tão pesadas acorrem ao chamado dos que não descreem do poder de Deus.

A vida é árdua aqui em baixo e deserto e árido é o coração do descrente, do tíbio e do cruel. A tarefa, pois, dos que atendem aos chamados dos poucos que entre os homens, apelam para a divindade, é por isso mesmo excessivamente penosa. Quantas lutas para se levar um pouco de alívio a uma alma que sofre! Com quantos empecilhos se tem que contar para conseguir fazer-se por aquele mesmo que, no seu desespero, na sua dor, apelou para as forças do Além.

Muitos filhos estranham que o socorro às vezes tarde tanto, sem se lembrar que o próprio que o pediu é quase sempre quem mais trava a ação dos que o ouviram e acudiram ao seu apelo.

Aquele que pede precisa ter a paciência necessária para esperar que o momento propício seja chegado ao fim de que possa ser socorrido. Mas, ninguém quer esperar! Todos cansam tão depressa! E porque não sabem refrear seus ímpetos, quantos são os que estragam tanto trabalho bem iniciado!

Além da impaciência há ainda a desconfiança, que não permite àquele que pediu a graça dar-se inteiro às entidades que o protegem e com o seu raciocínio cheio da lógica da terra procura interpretar as diversas fases dos trabalhos, falseando a verdade que não está ao seu alcance e consequentemente impedindo, pela falta de fé que isso acarreta, a realização daquilo que é realmente os desejos de seus guias.

Não queremos dizer com isso que os filhos da terra se entreguem de corpo e alma ao primeiro que se arrogue o título de "Guia". É preciso bastante discernimento, devoção e amor a Deus para não se ser vítima de embusteiros que não perdem vasa para se insinuar entre os incautos e com isso levar as almas para o caminho da perdição.

É preciso que o crente busque, antes de qualquer coisa, o coração, ou a alma – se assim o preferem – e que é a essência mesma da religião a que pertence. É preciso que o devoto levante a ponta do véu e penetre no mistério.

Umbanda, a humilde e doce entre todas, também tem o seu coração. Agasalhador, como um ninho que tem dono, reconfortante, cheio de amor para com os seus adeptos, o coração de Umbanda se dilata para que não fique sem agasalho um só de seus filhos para que todos fiquem a salvo das tormentas que continuamente se desencadeiam sobre os desgraçados que ainda estão na luta para resgate de suas faltas.

O coração de Umbanda é incomensurável. Quem o procura encontra paz e carinho; nenhum filho deixou de ser atendido, mesmo laborando em erro, porque no corpo de Umbanda que se compõe de membros sem conta, como as estrelas do céu, há sempre um alerta, procura evitar a queda do que invocou seu auxilio. O coração de Umbanda não é invulnerável; o mais humilde e tímido "ai" de um filho aflito o atinge em cheio e ele sangra. A dor dos homens fá-lo doer continuamente; e os espinhos que ferem aqueles que caminham em busca da perfeição cravam-se nele magoando-o e deixando marcas indeléveis.

Também as alegrias, como as dores, as esperanças e as desilusões nele encontram guarida: a fé, a esperança e o amor são como labaredas que o incendeiam constantemente.

Oh! Vós que andais por esse mundo, tão cheios de dores e aflições; Oh! Vós que passais pela vida sorrindo sem vos apercebendes do abismo que a vossa frente vos espera para tragar-vos; Oh! Vós que sabeis que um dia como premio da luta, alcançareis a meta almejada; buscai alívio para vossos males, um amparo seguro para a vossa inconsciência, força para a realização de vossa tarefa no coração da Umbanda, não sejais tímidos; avançai resolutos e de repente, o mistério se desvendará aos vossos olhos encantados pela doce visão, e o vereis na plenitude de sua beleza e de sua glória, porque coração de Umbanda é o doce e divino Nazareno!

O véu da umbanda

José Alvares Pessoa

O Semanário, **8 de janeiro de 1959, n. 142**

Aquele que pronunciou estas palavras está conosco, porque Umbanda é de Jesus.

Se Ele é a luz do mundo e se pode dar luz a vida, é porque Ele é o próprio Senhor da Vida e assim sendo é o Senhor do mundo e de tudo quanto nele existe.

Ele mesmo, interpelado pelos judeus, declarou: "Eu sou o princípio" e mais adiante: "Antes que Abrahão fosse, Eu sou".

Se Ele é o princípio e se todas as coisas lhe estão sujeitas, se todas as coisas passaram por Ele, as religiões inclusive, é claro que a Umbanda é banhada pela sua luz divina, obedece a um programa por Ele pré-estabelecido, que nós ignoramos.

Daí, tantos mistérios que nós não conseguimos desvendar e que à proporção que formos evoluindo, nos serão elucidados, porque é preciso que nos convençamos da verdade insofismável de que a Umbanda ainda não foi revelada.

Quem, dentre nós, sabe o que é Umbanda? Quem pode no presente momento dar de Umbanda uma definição precisa, absoluta, que ninguém possa impugnar?

Será a Umbanda puro Espiritismo? Nós todos sabemos que não. Se lidamos com espíritos, se os nossos trabalhos são feitos por espíritos, ainda assim seria absurdo declararmos que Umbanda é puro Espiritismo.

Antes de tudo podemos afirmar que em Umbanda se encontra um pouco de todas religiões porque Umbanda é um sincretismo religioso onde predomina a magia, que é a mais antiga de todas as manifestações espirituais.

É verdade que, contrabalançando com a magia temos as manifestações espíritas e então podemos acrescentar a nossa primeira asserção que Umbanda é a religião dos magos praticada por espíritos que incorporam em nossos terreiros.

Todavia não podemos acrescentar que esses espíritos já tiveram carne, porque nada sabemos sobre eles. Damos-lhes ambiente material para a realização de seus trabalhos, cuja orientação é unicamente deles; mas a respeito quer deles quer dos trabalhos quase tudo ignoramos e apenas sabemos aquilo que nos querem declarar e que vem a ser quase nada.

Na humilde singeleza com que se apresentam nos nossos terreiros, para fazerem a caridade que espalham a mancheias, os Caboclos e Pretos Velhos encontram o seu melhor disfarce conservando-se envoltos num véu de profundo mistério.

Impenetrável segredo. Quem já o conseguiu desvendar? Quem recebeu a revelação? Quem pode garantir que os espíritos trabalhadores de Umbanda tiveram vida encarnada nestes últimos dois mil anos? Quem ousará declarar mesmo que em alguma época já o tiveram? Quem já ouviu dizer que um espírito desses foi nosso pai, nosso irmão ou parente remoto numa vida passada?

Enquanto as manifestações espíritas kardecistas fazem-se notar pela identificação dos que baixam, em Umbanda essa identificação não poderá jamais ser feita. Enquanto nas manifestações kardecistas os espíritos são invocados e cada um de nós pode procurar porque em contato com os entes queridos que desencarnaram, em Umbanda as entidades que baixam, o fazem espontaneamente obedecendo a uma determinada orientação com um programa assentado e uma missão por eles mesmos escolhidos.

Até mesmo nos terreiros em que se trabalha para o mal, na Quimbanda onde se pratica magia negra, constatamos que as entidades são senhoras de si, põem em movimento forças inteligentes e produzem fenômenos capazes de confundir os sábios. O estudioso que quiser terá oportunidade de observar esses fenômenos surpreendentes porque essas entidades dispõem de forças para nós desconhecidas que dominam a seu bel prazer realizando atos que contrariam todas as leis físicas.

Temos a impressão de que espíritos que trabalham em Umbanda habitaram em épocas remotas, continentes hoje submersos, que atingiram o mais alto grau de civilização, civilização nunca até hoje atingida e que com eles desapareceu.

Que viriam, pois, eles fazer num mundo completamente novo habitado por espíritos que lhe são inferiores em evolução, espíritos talvez, de planetas mais pesados que vieram a terra alcançar mais um grau de conhecimento? Eles não poderiam viver em comunhão com esses espíritos, o que é fácil de compreender.

Enquanto aguardam que a atual humanidade atinja o grau de evolução já por eles atingido, formam no espaço as falanges de instrutores que nos preparam para recebê-los dando-nos ensinamentos, mitigando nossos sofrimentos, transmitindo-nos conhecimentos profundos da magia e das ciências esotéricas.

Os próprios Exus dão-nos a impressão de que jamais tiveram corpo físico constituindo só por si um profundo mais terem a desvendar.

Não serão esses espíritos aqueles que, manejados pelos Devas põem em ação as forças da natureza? Como compreender-se a inteligência de que alguns deles são possuidores? Verdadeiros alquimistas, eles realizam trabalhos de surpreendente eficiência maravilhando os que assistem.

É preciso não confundi-los com os espíritos que vulgarmente são chamados de "obsessores" e "sofredores". Esses são todas as entidades que, por qualquer circunstância e movidos por sentimentos às vezes, de ódio, de despeito e de vingança – e muitas vezes até de amor e de vontade de fazer o bem – se aproximam dos encarnados, com o fim de atingir qualquer objetivo.

Os Exus formam uma raça puramente espiritual e sobre eles o mistério é quase impenetrável. Entre eles há entidades de imensa sabedoria; são senhores absolutos da magia e o trabalho que realizam é quase sempre magistral.

Diz uma entidade de minha absoluta confiança, que eles são em muito pequeno número. Muito poucas entidades podem ser chamadas de Exu. A sua tarefa é árdua; eles carregam sobre os ombros a desgraça da humanidade, limpam o planeta da imensa carga de fluidos pesados que o envolve, aliviam o sofrimento da humanidade.

Que força possuirão a ponto de dominarem a matéria de seus médiuns tornando-os absolutamente inconscientes insensíveis e até mesmo incombustíveis?

Praticarão eles o mal como se diz vulgarmente, ou serão apenas instrumentos da execução do carma, cumprindo sem discussão as ordens emanadas da Suprema Justiça.

Porque atenderão eles os pedidos que lhes são feitos para realizar qualquer coisa em prejuízo de alguém. Não o sabemos, porque também ignoramos os motivos que os levam a atender os que são feitos para o bem.

Sabemos, porque, que sob sua chefia trabalham milhões de seres absolutamente inconscientes, forças cegas que executam sem discussão as suas ordens, conhecidos em todas as religiões como elementais.

Que missão terão no planeta os Omulus? Não me refiro ao grande Omulu, que faz parte da trindade da Umbanda na qual representa o poder de destruição. Refiro-me sim aos que pertencem às suas inumeráveis falanges e aos quais vulgarmente chamamos de espíritos dos cemitérios.

Se sua missão é a destruição, porque motivos eles tem filhos prediletos a quem protegem carinhosamente? Essas entidades possuem também uma grande inteligência, que se poderá notar na subtileza e na sabedoria dos seus trabalhos. São outros tantos magos cujo mistério ainda não desvendamos e, como Exus, formam também uma raça espiritual, cuja missão ainda não está bem definida.

Tudo quanto podemos afirmar é que nem os Exus nem os Omulus são entes desencarnados que estão dentro do ciclo das reencarnações. Não se trata dos espíritos dos mortos, que se podem identificar com os nossos amigos ou parentes desencarnados que tivessem pertencido a esta ou aquela época, porque esses espíritos não tem idade e acompanham o mundo na sua evolução.

De qualquer modo, quer se trate dos Exus ou dos Omulus

verificamos a cada passo que todos eles obedecem a orientação do Arcanjo São Miguel notando-se a verdadeira adoração que mostram quando incorporados, por essa entidade a invocação de cujo nome se prosternam, em sinal de respeito e obediência.

Como compreender-se que do fundo das trevas se eleva uma tão grande devoção, essa profunda adoração pela mais alta luz?

Se eles são realmente como dizem espíritos das trevas, como entender-se semelhante mistério?

E como compreender-se que eles estão sempre dispostos a atender aos pedidos que lhes são feitos para o bem quer seja para o mal?

O que podemos afirmar é que eles atuam nas nossas imperfeições.

E as manifestações das falanges dos Ibejis? Quem nos poderá revelar a verdade sobre elas? Apresentando-se sob a figura de crianças que vivem brincando eternamente, realizam, entretanto trabalhos da mais alta magia, manejando com uma segurança impressionante, as forças da natureza das quais conhecem perfeitamente os segredos.

Só aos descuidados e aos ingênuos escapará o verdadeiro sentido dos seus trabalhos misteriosos, realizados com disfarçada infantilidade obedecendo sempre a um programa por eles mesmo pré-estabelecido.

Um dos maiores mistérios da Lei de Umbanda é a respeito do chamado povo do mar presidido por Yemanjá. Que espécie de entidades serão essas detentoras de tão grandes poderes, e às quais se prestam as maiores homenagens e se fazem as mais estranhas oferendas? Porque ninguém vai imaginar que são peixinhos que recebem as flores, as fitas, as miçangas, os espelhos, as joias, os perfumes que os filhos de Umbanda entregam no mar.

Serão espíritos de marítimos, de praieiros, de gente que viveu na terra em contato diário com o mar? Ou será uma humanidade especial, diferente da nossa e que não podemos ver?

Mistério, tudo é mistério em torno de nós.

O que podemos constatar é que no mar se faz a mais alta magia e os espíritos chamados vulgarmente "povo do mar" são dotados de poderes sobrenaturais e realizam verdadeiros milagres.

Não poderíamos compreender porque as mais altas entidades nos obrigam a fazer severos preceitos e as mais respeitosas oferendas ao mar, se nele não existe alguma coisa de profundamente misteriosa e relacionada com os mais profundos trabalhos de magia.

E os Orixás? Quem nos dirá o que são eles? Não me refiro aos grandes Orixás, como Oxum, Yansan, os Ibejis etc., identificados com os santos do cristianismo, mas aos Orixás que incorporam nos nossos terreiros e que não são de modo algum, as entidades descritas pelos antropologistas e sociólogos que, no Norte do Brasil estudaram os trabalhos de magia, através das manifestações com o ritual puramente africanista; não são tampouco, as entidades que os médiuns, na sua ignorância, costumam assim denominar, confundindo-os até mesmo com as forças cegas.

Os Orixás que realmente merecem este nome, verdadeiros meteoros, dispõem de uma soma de poder considerável, tem o mais profundo e o mais perfeito e o mais completo conhecimento da magia; trazem consigo uma carga fluídica de força verdadeiramente arrasadora, sendo a sua manifestação a mais misteriosa que nos foi dado assistir.

Que espécie de entidades são eles? Será um Orixá um raio que fulmina, desferido pela força de Xangô? Será a flecha sanguínea partida do arco retesado de Oxóssi? Será o aço incandescente da espada de Ogum?

Não o sabemos; o que nos é dado ver quando baixam os Orixás chefes, é que os terreiros estremecem até os seus alicerces, os cambonos assustam-se comovem-se; os presidentes medem a tremenda responsabilidade que lhes pesa nos ombros.

Eles não falam, apenas balbuciam algumas palavras e debaixo do ritual que é o mais complexo, pedem a pemba, riscam um ponto e resolvem o problema. Vinte e quatro horas depois se vê o resultado; "sim" ou "não" conforme eles tenham anunciado.

Umbanda é grande e cheia de mistérios; é a única religião que aplica a magia de uma forma positiva, constata-se, por isso mesmo, uma religião com base científica.

Espíritos de Umbanda não fazem questão de nome; ultrapassaram de há muito o terreno em que a vaidade leva a criatura a desejar ser alguém, ter posição social. Apresentando-se sob a forma mais humilde, dão-nos lições constantemente, provocando-nos que nada somos. Das suas manifestações decorrem coisas extraordinárias, de onde extraímos lições muito profundas.

Seria concebível que entidades que viveram nos áureos tempos do Egito, da Índia, da Assíria, quando suas civilizações atingiram o apogeu pudessem viver hoje ombro a ombro conosco, neste mundo de matéria? Quem uma vez já viveu uma vida de renúncias, de meditação, e de estudo no silêncio dos templos, não poderá nunca mais perder-se no meio da multidão ávida de novidades e de fantasia, ombrear-se com esta humanidade tão fútil, que só pensa na realização de coisas materiais.

Daí a necessidade que eles têm de ficar velados até que um eleito de Deus venha nos revelar o seu impenetrável segredo.

A tendência do homem é para modificar as coisas, corromper a essência, torcer a verdade, de modo a satisfazer o seu desejo, que é sempre muito terreno, quase nada espiritual.

Atormentados pelo chicote dos brancos, os negros, que talvez no seu solo natal só se valessem da magia para a realização de coisas benéficas, como represália e vingança, começaram a desvirtuar a sua aplicação. Os brancos estudando o feitiço dos negros gostaram da história e assim começou-se a propagar a magia no Brasil, despida do seu lado puramente espiritual, que é justamente o que a nivela às grandes religiões.

Desse modo, Umbanda foi se infiltrando em todo território brasileiro, tendo sempre sido levada à conta de feitiçaria, africanismo, animismo fetichista.

Quem estuda com atenção a Lei de Umbanda, tem a sua consciência despertada para a Linha das Almas onde deve encontrar-se a chave para a descoberta dos seus mistérios. Grandes são os obstáculos para penetrar nos segredos e alcançar alguma coisa da sua verdadeira essência.

Não porque a Linha seja desconhecida; é possível mesmo que o fenômeno seja devido ao fato de ser ela apenas mal conhecida, tendo-se realizado a sua divulgação através de elementos de cultura de muito baixo nível apesar de grandes cultivadores do feitiço.

Trazida para o Brasil pela leva de negros importados como escravos, lenta foi a propagação do culto de Umbanda limitado durante mais de dois séculos aos terreiros das fazendas, sem merecer da gente culta o menor olhar de curiosidade. Parece mesmo que o primeiro cientista que se lembrou do estranho rito para examiná-lo à luz da ciência foi Nina Rodrigues com os seus magníficos estudos; "Os africanos no Brasil", "Animismo fetichista dos negros baianos" e outros, tendo-se lhe seguido Arthur Ramos e mais alguns etnógrafos e sociólogos de renome.

De qualquer modo, se a Umbanda foi estudada à luz da ciência por alguns nomes de excepcional cultura, que divulgaram seus ritos, a sua mitologia, o seu folclore, ninguém apareceu ainda, com tamanha sabedoria e igual sensibilidade, que pudesse penetrando os seus mistérios arrancar o véu que a envolve para mostra-la tal qual é aos seus devotos deslumbrados.

Porque a verdade é que Umbanda ainda não foi revelada; o que existe sobre ela ou são livros científicos, cujos autores desprovidos da mais insignificante centelha de espiritualidade, só puderam mostrá-la como fenômeno social e etnográfico, ou então os números e pequenos ensaios de homens de boa vontade, mas de muito pouca ou nenhuma cultura, que apenas tem contribuído para a desvalorização de seu culto, nivelando-o a uma baixa forma de superstição e feitiçaria.

E enquanto isso ocorre, Umbanda nos terreiros humildes, desafiando os doutores que a combatem sem tréguas, a maldade dos que a perseguem sem piedade, o pedantismo dos grã-finos que a buscam as escondidas quando desesperam de solucionar os seus problemas, Umbanda continua a realizar maravilhas, sem que as explicações que dão a seu respeito possam satisfazer os espíritos ávidos da verdade.

Umbanda é um mistério dizem os seus adeptos. Esquecidos de que os mistérios costumam ser revelados aos que se põem em forma para receber a elucidação.

Se os partidários de Umbanda tivessem um pouco mais de atenção na chamada Linha das Almas talvez já tivesse sido desvendado o mistério, porque como já dissemos, a Linha das Almas é a chave dos mistérios da Umbanda.

Laboratório onde se processa a mais transcendente alquimia pelos trabalhos que os Pretos Velhos, Caboclos, as Crianças, os Exus e os Omulus realizam nos terreiros, a Linha das Almas é tudo em Umbanda e é composta pelas maiores como pelas mais ínfimas entidades conscientes no plano astral. Porque o que nós chamamos defunto – ou seja das almas dos nossos mortos –, pouca ou nenhuma consciência tem no plano astral não podendo nem devendo, em hipótese alguma serem confundidas com os trabalhadores do Além.

A alma do que morre precisa de repouso para depois aproveitar as lições que aprendeu na época da prova por que passou no planeta a fim de reencarnar para uma nova prova.

O trabalhador da Linha das Almas – e o são todas entidades da Lei de Umbanda – não é a alma do nosso pai ou da nossa mãe ou dos irmãos e amigos que se foram. Porque ninguém, pelo fato de ter morrido, adquire num plano astral conhecimento que nunca teve no plano físico onde a consciência se manifesta através do corpo humano.

E como poderá realizar trabalhos de magia de tão difícil execução, almas que desconhecem até mesmo a existência da magia e que a negam?

O estudioso que observar esses trabalhos verá que os há os mais estranhos e realizados ora um, ora com qualquer dos outros elementos. Há trabalhos feitos com água; feitos com fogo; com terra, com o próprio ar. É uma verdadeira maravilha. Como são feitos? Quem os executa? Quem maneia a força dos elementos necessários à realização desse ou daquele milagre? Porque às vezes assemelham-se a milagres.

A resposta à angustiosa pergunta se encontra pois na Linha das Almas.

Mas porque "Linha das Almas"? Deve haver um erro nessa designação. "Linha das Almas" por quê? Se todas as entidades nela trabalham? Nela veem-se os Oguns, os Orixás, as Crianças, os Pretos Velhos, Exus, Omulus, enfim todos os trabalhadores de Umbanda! Dessa forma sendo "alma" o termo com que se designa comumente o "desencarnado" e não trabalhando Umbanda com os espíritos dos mortos, a designação "Linha das Almas" é inadequada, pois até hoje ninguém identificou a morte ou o renascimento das entidades de Umbanda. Em todo o caso bem ou mal empregado o termo, a Linha das Almas é, sem dúvida, um laboratório onde o alquimista, o mago, o santo, o feiticeiro, o impuro, o divino e o trevoso vão encontrar as reações necessárias a materialização de seus pensamentos, da sua mente e da sua vontade; das expansões dos bons ou dos maus sentimentos; do seu amor a Deus ou ao Diabo. É o armazém onde se vão buscar as substâncias precisas para as composições necessárias aos trabalhos para a vida ou para a morte. É uma biblioteca onde se encontram os livros escritos do mundo inteiro, uns tratando das ciências, outros dos evangelhos sagrados, outros de trabalhos de feitiçaria, outros ainda de sexo e devassidão.

Os apaixonados encontram na Linha das Almas o elixir do amor, os maus o veneno que mata. Ela pode unir ou desunir as almas e separar ou unir os corpos. A terra e o astral que lhe corresponde se encontram e os magos e feiticeiros nela acham fluidos de que necessitam para suas operações. O seu grande e imenso laboratório é o próprio plano astral; o material cujas reações provocam são os próprios elementos de que é constituído o nosso planeta. As grandes entidades com a sua mente divina, arquitetam os maravilhosos trabalhos de magia ordenando a sua execução aos moradores de cada elemento, ou seja, aos próprios elementais.

E nessa luta incessante, sempre a favor da humanidade sofredora, com o objetivo de diminuir as suas penas, a sua prova e também para aumentar a sua fé na realização de uma vida melhor passam-se séculos, passam-se milênios – dia e uma noite Brahma – e a Linha das Almas, laboratório do mudo astral, continua misturando os elementos para alcançar a sublime reação que fará da humanidade o rebanho do Senhor.

Saravá São Jorge

João Severino Ramos

Jornal de Umbanda, **Maio de 1959, n. 89**

É importante que hoje reflitamos sobre as lições de humildade moral e amor que recebemos a todos os instantes desses novos benévolos amigos humildes.

Lancemos um olhar retrospectivo sobre a jornada já percorrida pelo TEMPLO ESPIRITUAL OGUM TIMBIRI! Quantos obstáculos removidos! Mas, também, quanto amparo, quanto conforto, quantas lições magistrais recebidas! E, acima de tudo, quanta satisfação interior pela certeza do dever cumprido.

Atentemos bem nos conselhos que nos proporcionaram a cada instante, essas entidades que se nos apresentam sob a roupagem humilde de Caboclos e de Pretos Velhos, roupagem que muitas vezes, mal encobrem o fulgor de uma evolução de uma evolução espiritual adiantadíssima. Que nos ensinam eles? – Humildade, fraternidade e solidariedade. Que nos incutem? – A noção dos deveres e do desejo do nosso aperfeiçoamento, a benevolência e o perdão. Oferecem-se frequentemente eles e não desanimam insistem suavemente, perseverantemente, tal como o jardineiro que se desdobra em cuidados para que a semente lançada em terra ingrata, possa germinar e crescer até que um dia atinja plena florescência com seus embriagadores perfumes. Ogum é o santo guerreiro: devemos, entretanto, compreender o que o mesmo incumbe a todos nós. Meus amigos – Neste dia em que todos nos encontramos reunidos num festim espiritual, onde as iguarias são a harmonia, a fraternidade, a oferta, a dedicação, a renuncia e o devotamento, voltamos o nosso pensamento para a luminosidade do nosso São Jorge Guerreiro e Ogum Timbiri, nosso padroeiro espiritual.

Enviemos-lhe a nossa prece ardente de agradecimentos pelo amparo constante das suas falanges de obreiros espirituais. Ergamos também os nossos corações para saudar a todas as Potencias dos Planos Superiores e suas infinitas legiões de enviados, de guerreiros brancos. Que a Suprema Causa nos permita alcançar acima da nossa inferioridade para agradecer também a proteção desvelada de nossos queridos protetores: Ogum Timbiri, Pai Felipe, todos os Caboclos da Jurema e Juremá, todos os Pretos Velhos, toda essa plêiade de bondosos amigos que nos assistem com seu amparo e nos confortam com a sua presença. Meus amigos sou insuspeito para consignar o mérito dos fundadores do Templo Espiritual de Ogum Timbiri, a eles também, que sacrificando o seu bem estar material, a sua comodidade, vem mantendo acesa esta chama de fé que é o Templo Espiritual de Ogum Timbiri. A estes irmãos amigos sinceros, também merecedores, as minhas muito sinceras homenagens.

Caboclo das Sete Encruzilhadas

Yataman

Jornal de Umbanda, **Agosto/Setembro de 1960, n. 100/101**

Louvado seja quem a Justiça sempre amou
Louvado seja o filho do Senhor
Deste-nos a Paz, floreceste a Justiça e nos deste Amor
Sabemos nós que és amado e implorado Filho do Senhor
E das Sete Cruzes o Peregrino
Que, no teu longo caminhar, caminhas sempre sem dor
Que nos dês, Senhor das Sete Cruzes
A tua Palma e o teu Amor
És, ó Pai, o nosso Chefe, o nosso Senhor
Roga ao Cristo que possamos sempre amá-lo
O nosso Chefe, Senhor dos Sete Caminhos
Das Sete Cruzes e dos Sete Amores
Nós, os amantes da Justiça e do Perdão
Pedimos a ti, Senhor das Sete Cruzes
Que nos perdoes e nos ames na Eternidade
Como nós te amamos ó meu Senhor
Louvado e bendito sejas, **Caboclo das Sete Encruzilhadas**
Que carregas a Cruz da Umbanda
Entrelaçada de Lágrimas e Perdões
Louvado seja!

Carta aberta ao chefe da nação

José Alvares Pessoa
O Semanário, **3 de setembro de 1960, n. 225**

Exmo. Sr. Presidente Juscelino Kubitschek de Oliveira

Em meados de 1955, tive a honra de ser levado à presença de Vossa Excelência por um amigo comum. Era então Vossa Excelência candidato da oposição à Presidência da República e a sua campanha se processava num clima de inseguranças e de incertezas, com mil boatos a correr, como é de praxe nesta terra carioca.

Vossa Excelência acolheu-me com a sua natural simplicidade, que põe à vontade até mesmo a mais tímida criatura, e tivemos oportunidade de conversar uns bons quinze minutos sobre o que era de vital interesse, para Vossa Excelência como candidato, para mim como seu eleitor.

Espiritualista que sou, presidente de uma Tenda Espírita, a de São Jerônimo, com sede na Rua Visconde de Itaboraí, bem no centro da cidade, com uma frequência de mais de trinta mil pessoas mensalmente, eu desejava, naquele momento, sabendo-o católico praticante, obter da própria boca de Vossa Excelência a declaração de que, se eleito, Vossa Excelência não permitiria jamais, com relação à questão religiosa, que a nossa Constituição fosse ferida.

Vossa Excelência, com a hombridade e sinceridade que tão bem o caracterizam, fez a declaração, que me foi gratíssimo ouvir, de que jamais no seu governo poderia haver perseguição a este ou aquele credo.

É para lembrar a Vossa Excelência as suas próprias palavras, e pedir-lhe que não as renegue no momento em que se acha prestes a deixar o Poder, que volto hoje à sua presença. E volto convicto de que Vossa Excelência, até o presente momento, se acha absolutamente isento de culpa quanto a perseguição que o Departamento Federal de Segurança Pública está realizando contra as Tendas Espíritas, que se contam aos milhares no Estado da Guanabara, sob o ridículo pretexto de combater os maus espíritas e a macumba.

Presidente, a polícia nunca se lembrou de que no seio de todas as classes, de todos os credos, quer religiosos, quer políticos, há bons e maus.

A polícia, ao pretender expurgar os meios espíritas cariocas dos seus maus elementos, não se lembra de que também deveria usar dos mesmos meios de repressão contra os maus elementos de outras confissões religiosas.

É contra esta atitude de dois pesos e duas medidas que, neste momento, me dirijo a Vossa Excelência. Nós espíritas, nesses atribulados quarenta anos em que nos firmamos em todo o país, temos sido as vítimas prediletas da prepotência polícial, que, nós o sabemos, é bem dirigida pela mão oculta do clero romano. Mas, mesmo quando este pobre país viveu dias de terror durante a época da ditadura, nós conseguimos sobreviver e nenhum poder prevaleceu contra nós. Não há de ser agora, quando vivemos num período constitucional de calma e tranquilidade, governado por Vossa Excelência, o mais generoso dos homens, dotado de sentimentos da mais alta nobreza e de um espírito de justiça de escol, que nós espíritas vamos temer a ação da polícia, que, de abuso em abuso, vem fechando Centros Espíritas, perseguindo criaturas indefesas, na persuasão de que o mais alto Poder ficará surdo ao clamor que se levanta contra esses atos de prepotência.

Venho hoje, pois, a presença de Vossa Excelência, reclamar o cumprimento de sua promessa de candidato, de que jamais permitiria a perseguição religiosa no país. Chegou o tempo de agir, por isso mesmo, estou agora pedindo as providências enérgicas de Vossa Excelência, junto ao Sr. Chefe de Polícia, a fim de que seja posto termo, imediatamente, às medidas que foram e continuam a ser postas em prática contra os adeptos do Espiritismo, que, como todos os adeptos de outros credos, têm o direito de amar a Deus do modo que melhor lhes parecer.

Certo de que Vossa Excelência, que tem uma memória privilegiada, não esqueceu a promessa feita a um patrício que foi seu cabo eleitoral junto aos espíritas ora perseguidos, e de que agirá para que cesse a perseguição polícial, antecipo a Vossa Excelência, os meus melhores agradecimentos, que representam também os agradecimentos de alguns milhões de espíritas brasileiros.

A festa de Xangô na Tenda São Jerônimo

O Semanário, **15 de outubro de 1960, n. 232**

Dia 30 de setembro, dia de Xangô, dia, portanto, da Tenda Espírita São Jerônimo, nascida sob a invocação do grande Orixá, identifica-se com o grande Doutor da Igreja Cristã, e que, sob a direção de José Alvares Pessoa, o incomparável Capitão, tantos serviços tem postado à causa da espiritualidade em nosso país e à difusão dos princípios e enriquecimento da Umbanda.

O salão da sede da Tenda, à Rua Visconde de Itaboraí, achava-se repleto, quando o Capitão Pessoa abriu os trabalhos dando a palavra a poetisa Zilah Monteiro, que leu uma interessante saudação em versos em homenagem a Xangô – São Jerônimo e a seus irmãos de fé da tenda promotora da linda festividade e das demais ali presentes. Falou, a seguir, o Sr. Coriolano Celso de Gusmão, presidente da Tenda Santo Agostinho, que proferiu vibrante discurso muito aplaudido, ocupando depois a atenção do auditório o Dr. Lauro Neiva, também bastante aplaudido.

Encerrando essa primeira parte da sessão, falou, em nome da Tenda São Jerônimo, o seu tesoureiro, Sr. Altamir Mendes de Freitas, que agradeceu a presença dos que ali foram levar o testemunho de seu afeto e de sua solidariedade espiritual à benemérita organização tão superiormente dirigida pelo Capitão Pessoa, cuja obra, em rápidas e comovidas palavras, o presidente da União Espiritista de Umbanda do Brasil, Sr. João Severino Ramos, antes destacara, referindo-se às afinidades espirituais que de longa data os unia.

Freitas, no seu discurso, destacou o fato da Tenda São Jerônimo ser um dos sete ramos da árvore de fé plantada no Brasil por Sete Encruzilhadas.

A Zilah Monteiro agradecemos as carinhosas expressões com que homenageou o valente "O Semanário", presente a essa festa de espiritualidade na pessoa de seu diretor.

Umbanda

Lilia Ribeiro

Diário de Notícias, **11 de março de 1970, n. 14517**

UMBANDA, Religião em evolução constante, acompanha o progresso da humanidade, abrindo, dia a dia, novos horizontes aos seus cultores, espiritualizando as suas práticas; aprimorando o seu ritual, esclarecendo a mentalidade dos filhos de fé. Como bem disse, em recente artigo, Atila Nunes Filho, é, talvez, uma das poucas religiões que progrediu tanto num exíguo espaço de tempo, pois apesar da sua origem milenar, passou a ser conhecida realmente há alguns decênios apenas.

E é uma consequência natural das mudanças que se operam no mundo, onde tudo evolui: o ser humano, as espécies animais, que se transformam através dos séculos e a própria natureza, criada por Deus e que envolve por sua vontade, apresentando novas formas e aperfeiçoando as já existentes.

AS PRÁTICAS RITUALÍSTICAS DO UMBANDISMO são, de certo, o plano e as modificações que o progresso registram mais amplamente, como também o preparo dos médiuns, que passou a exigir maior aprimoramento moral e espiritual do elemento mediúnico, deixando de lado os processos complexos de "feitura de cabeça", oriundos do africanismo e já ultrapassados, uma vez que a força mental, o poder de concentração e o estudo são as bases essenciais para uma atuação mais perfeita do mediador escolhido pelas entidades espirituais.

UMBANDA É GRANDE, apesar da humildade que, se manifesta, dizia José Alvares Pessoa; o seu ritual, a sua liturgia encontram-se a cada passo do Velho e do Novo Testamento, nos templos do Egito, da velha Índia e da própria Igreja Católica; por mais remota que seja a religião, nela, sem esforço, encontramos os vestígios de Umbanda. E é ele, ainda, que afirma na "Antologia do Movimento Espiritualista": "A Umbanda que hoje se pratica não é mais aquele culto classificado pelos cientistas como Animismo Fetichista e que tem, ainda, os seus remanescentes, na Bahia, e que alguns crentes mal avisados tentam conservar na Cidade Maravilhosa". Longe vão os tempos em que eram indispensáveis o bode preto e a farofa amarela aos rituais da religião africana que, espiritualizada, tendo por chefe Oxalá – Luz do mundo – e por guias os Orixás que presidem aos trabalhos, pratica a Caridade. Referimo-nos, sem vexame, ao bode, vítima propiciatória no antigo culto africano, uma vez que a velha religião mosaica, à qual pertenciam os homens que falavam face a face com o próprio Deus, teve também que ser expurgada por Jesus Cristo de idênticos ritos bárbaros e impuros.

A PRINCÍPIO PEQUENINA, porque tudo lhe era hostil, sofrendo as mais tremendas perseguições, Umbanda, nome escolhido para a religião do Brasil, cujas reinvindicações no panorama espiritualista nacional, tem-se processado lentamente de inicio, cresceu, expandiu-se, propagou-se pelo país inteiro.

CULTUAMOS UMBANDA como verdadeira Religião que é; nela encontramos o bálsamo para as aflições humanas, a orientação para melhor vencermos as etapas do aprendizado terreno, em busca do progresso do nosso espírito, e o conselho amigo do Preto Velho e do Caboclo, encaminhando os neófitos na prática da caridade, do amor ao próximo, da fraternidade, postulados do Evangelho de Cristo, que é a nossa doutrina.

A umbanda é mentira

Trechos de entrevista de Joãozinho da Goméia
***O Pasquim*, 16 de julho de 1970, n. 56**

Nesta entrevista, o famoso Joãozinho da Goméia, sem papas na língua, fala do Candomblé e também da Umbanda (com muito azedume). Às vezes percebemos que ele faz colocações que os próprios umbandistas nunca conseguiram responder adequadamente. Outras vezes fala por puro despeito. Vale o registro histórico. Oito meses depois desta entrevista, o "Rei do Candomblé" desencarnava em São Paulo, vítima de um tumor cerebral. Apesar de ter sido um babalaô de grande fama na Bahia e no Rio Janeiro, sendo procurado por muitas celebridades e políticos, podemos perceber nas suas respostas uma cultura incipiente.

Utilizamos aqui a letra "E" para entrevistador e "J" para Joãozinho da Goméia.

E – Joãozinho, o que é Umbanda e o que é Candomblé?

J – Umbanda eu desconheço, não sei de onde ela veio. Agora, Candomblé eu sei que é uma coisa primitiva, tem mais de seis mil anos.

E – Por que essa utilização das entidades do Candomblé na Umbanda?

J – Eu acho que é um empréstimo. Porque a Umbanda não tem aquela primitividade, ela age de diferentes maneiras. Tem um altar cheio de imagens que eles chamam de Gongá, por outro lado tem sessões, passes, desenvolvimento, isso tudo me parece ser do lado do espiritismo Kardec, e, por outro lado, eles também falam em Xangô, Exu e isso e do Candomblé. O Candomblé não tem nada contra a Igreja, não tem nada contra o espiritismo, só tem o que é do Candomblé mesmo.

E – Uma pessoa que frequenta a Igreja e o Candomblé como é que resolve esse problema entre os Santos e os Orixás?

J – Os Orixás são uma coisa e os Santos da Igreja são outra. A Igreja já veio depois do Candomblé.

E – Os Orixás não tem nada a ver com os santos?

J – Não tem nada a ver.

E – Mas na Umbanda tem essa ligação, não é?

J – Tem.

E – Por que na Umbanda, Oxalá, por exemplo, é Jesus Cristo? Por que é que existe essa ligação?

J – Eu ignoro isso tudo. Oxalá, dizem que é Jesus Cristo, mas quando Jesus Cristo andou pelo mundo já existia Oxalá no Candomblé há mais de três mil anos.[1] Então, não pode ser Jesus Cristo.

E – Quando a Umbanda coloca Oxalá como Jesus Cristo ele fica sendo um Orixá maior do que os outros. No Candomblé o Oxalá também é um Orixá maior do que os outros?

J – Oxalá é o santo maior, mas não é Jesus Cristo. Nós vemos Oxalá de uma maneira e Jesus de outra.[2]

E – Por que esse nome Joãozinho da Goméia?

J – Goméia é o lugar onde eu tenho o meu terreiro lá em Salvador. O pessoal dizia: na Goméia hoje vai bater Candomblé, vamos no Candomblé de João lá na Goméia. Quando eu vi o meu nome tinha virado Joãozinho da Goméia.

1 O culto aos Orixás é realmente milenar na África, porém o Candomblé é uma religião que surgiu no Brasil em função da fusão de práticas africanas dos escravos oriundos de diversos lugares africanos (Nota do organizador).

2 Realmente os Santos Católicos não são os Orixás, porém Oxalá e Cristo são a mesma divindade (Nota do organizador).

E – Quantos anos você tem de santo?
J – Fiz quarenta no dia 21 de dezembro.

E – Você é pai de santo, não é? Explica para os leitores o que é que é isso.

J – Eu vou explicar, mas não são todos iguais. Em Nagô pai de santo é Babalorixá e a mãe de santo Ialorixá. A pessoa tem que fazer o santo e cumprir com as obrigações todas durante sete anos. Depois de sete anos é feita a obrigação de sete anos então, o filho de santo recebe a cuia da obrigação e daí em diante ele pode fundar o Candomblé dele. Mas mesmo ele fundando o Candomblé dele todas as primeiras coisas que ele faz tem de ser feitas por mão do pai ou da mãe de santo dele. Aí ele se torna pai de santo, mas nisso ele já tem mais de sete, oito anos de seita. Agora, a maioria não cumpre com as obrigações, abrem casas por conta deles. Então, hoje você não sabe quem tem todas as obrigações feitas e é pai de santo e quem não tem é também.

E – A pessoa para ser pai de santo tem que ter dons especiais? Que tipo de dom ela tem que ter?

J – Pai de santo é como um médico, como um padre. Há padres que se ordenam e conforme a inteligência deles em pouco tempo vai a arcebispo, bispo e papa e tem outros que morrem sendo padres e mais nada. Tem marinheiro que se desenvolve e vai até almirante e tem marinheiro que se aposenta e morre marinheiro.

E – Mas você tem que ter um negócio chamado mediunidade para poder ser pai de santo, não é?

J – Toda pessoa que faz o santo tem mediunidade. Essa palavra mediunidade já não nos pertence, isso é do Kardec.

E – Você trabalha com que santo?
J – Eu fiz Oxóssi.

E – Que foi seu pai de santo?
J – Severiano Manuel de Abreu.

E – Ele é conhecido, famoso?

J – Ele é muito conhecido. Tem até livros escritos sobre ele. O Jubiabá do Jorge Amado é ele. Ele recebia um caboclo que se chamava Jubiabá e toda a Bahia só conhecia ele como Jubiabá. Ele foi quem fez o meu santo. Eu tenho até fotografia dele aí. Ele faleceu faz 32 anos agora em outubro. Com a morte dele eu tive que recorrer a outro santo.

E – Quem foi?

J – Menininha do Gantois.

E – Há alguma diferença entre aqueles Candomblés da Bahia?

J – Há diferenças de nações; Os Candomblés de Senhora, de Gantois são da mesma nação, de Ketu. Agora tem Candomblé de Efá, Angola, Congo. Todos são Candomblé, mas cada um tem uma nação diferente.

E – Essas diferentes nações tem os mesmos Orixás?

J – É a mesma coisa, só o dialeto é diferente.

E – Você disse que a Umbanda nasceu de um empréstimo do Candomblé, que a Umbanda não é genuína, genuína é o Candomblé. Em que é que você se baseia para dizer isso?

J – Qualquer um vê que a Umbanda não tem fundamento. Eles agem com coisas que pertencem à Igreja, com coisas que pertencem ao Espiritismo e com coisas que pertencem ao Candomblé e detestam o Candomblé. É como se eu não tivesse um prato e mandasse tomar o seu emprestado e na hora da refeição estou falando mal de você e comendo no seu prato.

E – Na Umbanda há uma divisão entre Umbanda e Quimbanda. A Umbanda trabalha com os Orixás e a Quimbanda com os Exus. Não é?

J – Eu vejo as duas fazerem a mesma coisa. Ainda não vi uma diferente, apesar de ir muito pouco.

E – Mas no Candomblé não tem essa divisão?

J – Não.

E – A Umbanda tirou alguma coisa do Candomblé?

J – A Umbanda já esta tendo Ogum, Mãe Pequena, Xangô, Oxóssi, Iemanjá, mas, no entanto se você perguntar ao pai de santo que dialeto é esse ele não sabe dizer.[3] Se você perguntar quem é Xangô ele diz que é São Jerônimo. Se você perguntar quem é Ogum ele diz que é São Jorge. Agora, São Jorge pela Igreja tem seiscentos e poucos anos e Ogum no Candomblé é de quatro mil anos antes de Cristo. Como é que pode ser isso?

E – Você seria capaz de explicar porque houve essa diferença da Umbanda para o Candomblé?

J – Eu não sei por que eu só conheci a Umbanda quando eu cheguei no Rio. Na Bahia não tem Umbanda. O baiano só conhece Umbanda e angu à baiana quando chega no Rio.

E – Na Umbanda tem os espíritos que são: os pretos velhos, os caboclos, as iaras e as crianças. Tem isso no Candomblé também?

J – Eu posso te dizer, mas muitos você vai estranhar porque a Umbanda só copiou os Orixás mais fáceis, os mais difíceis eles nem sabem o que significa. Tem Obatalá, Apaocá, Iamasê, Dadá, Ossanha, Oxum, Iemanjá, Nanã, Ogum, Oxóssi, Iansã, Oxolupã, Obá, Dancô.[4] São todos Orixás. Se você perguntar a um umbandista que é Apaocá ele não vai saber quem é, se você perguntar quem é Iamasê ele não sabe quem é e, no entanto Iamasê é a mãe de Xangô. Se ele fala em Xangô porque não fala na mãe dele? O Candomblé conhece, reverencia e trata de todos os Orixás.

E – Na Umbanda esses Pretos Velhos e Caboclos é que se incorporam nas pessoas. E no Candomblé como é que é?

J – O Candomblé não tem unificação com o Espiritismo. São só os Orixás.[5]

E – São os Orixás que incorporam?

---

3 Pela resposta percebe-se claramente que ele não entendia nada de Umbanda. Os Orixás já estavam presentes nos ritos umbandistas desde a década de 1910. A Umbanda nunca precisou de dialetos nos seus cultos (nota do organizador).

4 O repórter perguntou sobre entidades e ele respondeu sobre Orixás (nota do organizador).

5 Aqui ele omitiu que incorporava o Caboclo Pedra Preta (nota do organizador).

J – É.

E – O Candomblé então só trabalha com Orixás. Não tem Preto Velho, nem crianças?

J – Criança tem, mas Preto Velho não.

E – E Caboclo?

J – Caboclo só na Nação Angola ou Congo. Quando é Ketu não tem Caboclo.

E – Quando um sujeito na Umbanda recebe o Cobra Coral, por exemplo, não existe esse Cobra Coral, ele não recebeu esse espírito?

J – Eu já expliquei que eu só conheci essa Umbanda quando cheguei no Rio. Cobra Coral é um Caboclo e pode ser que ele receba, não é que eu não acredite. É como se você se formasse em medicina e fosse para outro lugar onde encontrasse vocabulário diferente, então você fica no ar. Quem nasceu na Bahia, fez santo na Bahia, chega no Rio de Janeiro estranha porque lá não tem Umbanda.

E – Umbanda é um misticismo, então?

J – Eu não sei se é um misticismo, mas é uma coisa muito mal começada.

E – Não é uma farsa?

J – Eu não digo que seja uma farsa, mas eu não compreendo é a mistura que eles fazem.

E – O altar na Umbanda é Gongá. O que significa Gongá?

J – Gongá é um pó que é feito com raízes na nação de Angola. Esse mesmo pó na casa de Ketu dá-se o nome de Ofum.

E – Por que é que eles chamam o altar de Gongá?

J – Com certeza alguém achou simpático esse nome.

A imprensa ataca os cultos afro-brasileiros

Diamantino Fernandes Trindade

Em 10 de setembro de 2014 o site FOLHA/UOL publicou uma matéria onde revivia os fatos ocorridos em agosto de 1971 quando Seu Sete da Lira compareceu aos programas televisivos do Chacrinha e Flávio Cavalcanti. Na matéria, a jornalista Cláudia Crescente dizia que o extinto periódico *Notícias Populares* procurou investigar os fatos ocorridos enquanto os céticos se limitaram a reclamar da má qualidade da TV brasileira. A manchete para a matéria foi: ***Exu provoca mortes e compra briga com a imprensa.***

A reportagem do NP, de 1 de setembro de 1971 (um dia após os eventos), dizia que o poder de Seu Sete da Lira atingia até as pessoas que se encontravam à distância citando que um sacerdote de São Gonçalo concentrou-se para dar força ao Exu. Um dos filhos de santos presentes no local saiu da sala e suicidou-se com um tiro. O jornal citava ainda que, ao mesmo no tempo no Rio de Janeiro, dois vizinhos brigaram por que um achava que Seu Sete da Lira era um Exu masculino e o outro achava que Seu Sete era um Exu feminino. Um deles sacou de uma arma e atingiu o outro que foi internado em estado grave.

Citava ainda que a CNBB, na pessoa do Cardeal Arcebispo Dom Eugenio Sales, se manifestava contra essas manifestações da fé do povo brasileiro. Uma manchete do NP dizia: ***Igreja esta cautelosa, mas nega os poderes de Seu Sete!***

Alguns segmentos da Umbanda acusaram Seu Sete de deturpar a religião. A acusação mais intensa partiu do Conselho Deliberativo de Órgãos de Cúpula da Umbanda que se reuniu extraordinariamente para analisar a apresentação de Seu Sete e Dona Cacilda nos programas televisivos. A nota oficial dizia:

Agora, em que um espetáculo apresentado por uma senhora, que confessa ser praticante do culto de Umbanda na intimidade de seu centro, consegue reunir milhares de pessoas semanalmente, atinge de forma chocante a opinião publica, pretende-se estender a toda Umbanda e aos seus praticantes e adeptos, conceitos tirados de uma observação parcial de um show programado.

A Receita Federal também entrou na onda da sociedade hipócrita brasileira da época e decidiu fazer uma devassa nas contas de Dona Cacilda. A manchete do NP dizia: ***Blitz do Imposto de Renda no Terreiro de "Seu Sete"***.

O Governo Federal promoveu uma devassa nas contas de Dona Cacilda de Assis em busca de irregularidades no Imposto de Renda. Na época o Secretário de Finanças, Heitor Schiller, declarou que não pretendia tomar nenhuma providência contra Dona Cacilda, por não haver qualquer suspeita de que lesou impostos referentes à área de finanças.

– O problema de Seu Sete está ligado à religião e nós não temos nada com isso. E até que se torne necessário, nós não tomaremos qualquer atitude de investigar a vida particular de dona Cacilda de Assis.

A imprensa tendenciosa de todos os tempos comunicou que iria começar a investigar o que ocorria na giras de Seu Sete. Essa imprensa, com raras exceções, sempre atacou os cultos afro-brasileiros em busca de sensacionalismo barato sem se preocupar com uma investigação jornalística séria. Parece que pouco mudou.

O próximo capítulo mostra o depoimento de Adão Lamenza que conviveu durante trinta anos com a família de Dona Cacilda e frequentava assiduamente as giras de Seu Sete em Santíssimo.

Matéria sobre Seu Sete da Lira

Adão Lamenza

A coluna F5 do site FOLHA/UOL, da colunista Cláudia Crescente, trouxe hoje[1] uma matéria sobre a presença de Seu Sete da Lira na TV em agosto de 1971, baseado no jornal *Notícias Populares*. Eu, Adão Lamenza, criador da fanpage ***Seu 7 da Lira*** e baseado no convívio de mais de 30 anos no terreiro de Seu Sete vou expressar minha singela opinião e convido aos irmãos, que desejem, a se manifestarem de maneira democrática e respeitosa.

A relação de Seu Sete com a imprensa sempre foi assim, de amor e ódio notadamente constatada. Ora "batiam", ora "alisavam" ao sabor das circunstâncias que melhor lhes favorecesse nas vendagens das publicações. Sob a minha ótica, a matéria se refere ao fato de maneira profundamente TENDENCIOSA e porque não dizer DESRESPEITOSA, inclusive incluindo violência em seu título. Na verdade a imprensa nunca se perdoou por ter "cutucado" Seu Sete e o levado à televisão, pois a partir daí uma espécie de marco regulatório ou censura (como queiram chamar) foi firmado entre as duas maiores Redes de Televisão da época.[2]

Na verdade Seu Sete só compareceu, primeiro, porque foi responder a críticas pesadas e maldosas que recaíam sobre ele pela ala mais conservadora da imprensa escrita e televisiva da época e segundo por que foi CONVIDADO pelos programas

1 Dez de setembro de 2014 (nota do organizador).
2 TV Tupi e Rede Globo (nota do organizador).

dominicais citados. Provavelmente Chacrinha e Flávio Cavalcanti, que eram frequentadores da Lira de Seu Sete, tenham se arrependido do convite tamanho foi o "rebuliço" que ocorreu naquele domingo de agosto de 1971, pois a grandeza de Seu Sete não cabia naquela telinha e ultrapassava o sinal analógico das TVs mas não com o aspecto negativo como foi narrado na matéria. Citar fatos isolados de violência entre pessoas que provavelmente já tinham algum traço de personalidade violenta me parece um verdadeiro ABSURDO! Os mesmos indivíduos provavelmente elegeriam outro fato qualquer como política ou futebol como estopim para consumarem seus atos insanos de violência. Quanto ao fato citado do suicídio, possivelmente a pessoa já detinha algum transtorno mental grave não tratado. E nada disso tem haver com a presença de Seu Sete da Lira na TV. É ridículo querer culpar o Guardião por todos os fatos negativos que por ventura estivessem acontecendo naquele momento nesse país continental. Ao contrário pouco se publicou sobre as curas que várias pessoas obtiveram em suas casas com a presença de Seu Sete na TV, o que arrastou uma multidão ao seu templo. Enquanto isso o Programa Sílvio Santos "descia a lenha" em Seu Sete, já que não poderia ter o Exu em seu programa que era transmitido diretamente de São Paulo.

Quanto à situação fiscal do terreiro e de Mãe Cacilda de Assis, uma auditoria foi feita à época e nada de irregular foi constatado entre a Ialorixá e a Receita Federal, como retrata uma publicação intitulada "SEU SETE TAMBÉM PAGA IMPOSTO DE RENDA" em uma matéria da época do fato.

Quanto às críticas da CNBB a Seu Sete não me surpreendem e já era algo esperado já que somos o maior país católico do mundo e todos já conhecem o poder que tem a Igreja em nosso sistema.

Eu defendo o Seu Sete, que conheci por mais de 30 anos, e que só exalava amor e o bem. No que se refere a publicações sensacionalistas, como, aliás, era o *Notícias Populares*, declaro com veemência que não retratou com correção os fatos republicados pelo site FOLHA/UOL.

Bem enfim, o mais importante é que todos nós nos respeitemos e vivamos em harmonia nesse país LAICO.

Seu Sete perdoa Silvio Santos

Ubiratan de Lemos

Revista *O Cruzeiro*, 09/09/1971

Silvio Santos, o simpático campeão de muitos Ibopes – um dos arautos da opinião pública – tira notas baixas em Umbanda. Professor de comunicação de massa, senhor das audiências de muito povo, Silvio não foi muito tático no seu último programa, quando provocou, em entrevista com líderes do candomblé baiano, a figura institucional de Seu Sete da Lira, a maior liderança umbandística do Brasil.

Imprensando os dois com perguntas marotas, obteve respostas condenatórias à missão de caridade de Seu Sete, cuja imagem, mal interpretada pelos entrevistados, sofreu distorções grosseiras. O fato cresceu na opinião publica, revoltando o povo de Umbanda, representado, só no Grande Rio, por 35 mil tendas espíritas.

A maior grita partiu dos milhares de adeptos de Seu Sete, filhos do terreiro da Lira, em Santíssimo, no Rio, inconformados com o julgamento injusto da ***entidade*** curadora, cujos feitos de caridade e amor convencem e empolgam as multidões desesperadas que procuram o imenso terreiro em Santíssimo.

Vivendo em São Paulo, sem maiores informações sobre a realidade de Seu Sete, Silvio desconhecia o rol de curas da Lira, as vibrações de amor e bondade que cercam os trabalhos de caridade, as provas do poder espiritual da entidade, filho de Oxalá com Nanã Buruquê, presente no planeta – conforme confessa a seu público – desde as primeiras idades geológicas.

A impressão entre os pesquisadores de Ibope, no eixo Rio--São Paulo, é de que Silvio Santos queria Seu Sete no seu programa, sabendo-o uma grande atração e chamamento de audiência, eis porque optou por uma provocação, cujo desfecho seria a presença da entidade em seu QG espiritual nos estúdios de São Paulo. Uma manobra tática. Mas o tiro saiu pela culatra. Porque a evolução dos fatos açulados pelo traumatismo causado pela agressão, levou Seu Sete a uma opção não esperada por Silvio Santos.

Seu Sete decide

Não era dia de sessão de Seu Sete. Era quarta feira, dia da Cabocla Jurema. Mas o episódio Silvio Santos gerou consequências. O povo de Umbanda, principalmente o pessoal da Lira, invadiu o terreiro de Santíssimo. Os devotos queriam a palavra do Homem. Que pensaria Seu Sete das condenações do programa de Silvio Santos? O ambiente estava carregado. Jornalistas, radialistas, oficiais das Forças Armadas, médicos, advogados, astros do futebol – todas as classes sociais ligadas ao espiritismo de Umbanda – procuraram o terreiro da Lira. Para aquele povo crente, Silvio não era um substantivo muito agradável.

Havia um desejo, no ar, de contestação forte ao programa: “Ele vai receber o que ele merece”. O grande momento, entretanto, convergia para a presença de Seu Sete. Que diria o Homem? Falou, está falado.

Eis que Seu Sete aparece. Com aquela sua imensa comunicação e alegria. Um sol dentro do seu vermelho-preto. Espalhava animação e espirrava marafo no pessoal. Para descarregar. Sua voz, afinal:

– Nada de sentimentos vingativos. Nada de vibração negativa. Silvio Santos é uma criança. Para ele, o amor e os votos de maior sucesso da nossa Lira. Minha missão na Terra é de caridade e amor. Para todo mundo. E, nesse caso, em especial, para Silvio Santos. Meu terreiro esta à disposição para recebê-lo de braços abertos. Vamos vibrar mentalmente para maior iluminação de Silvio. Esta é a minha palavra para os meus filhos de fé. Só o amor constrói e perpetua as coisas da vida. Não há solução fora do amor.

O pequeno discurso de Seu Sete foi um banho de amor nos seus seguidores. Quem estava furioso ficou calmo. E o ruído das palmas se misturou com o da chuva torrencial.

Flávio na parada

A banda da Lira atacou o "ponto" de abertura de Seu Sete. Rosas vermelhas nas mãos da ***entidade***, que as distribuía aos filhos.

– Hoje não é dia de sessão. Eu só baixei para conversar.

De repente, um movimento mais grosso na porta do terreiro. Era a chegada de Flávio Cavalcanti e sua equipe. O filho, Flavinho, e a poetisa Adalgisa Nery, diáfana e respeitosa, que além da curiosidade sobre Seu Sete levava também a motivação de uma "dor cruzada nas costas".

Na frente, como abre alas, o Capitão Aza,[1] filho do terreiro, amigão de Flávio, já como introdutor diplomático junto a Seu Sete, Flávio falou:

– É uma honra conhece-lo, Seu Sete. Aqui estou para levar sua mensagem para o meu programa.

O Capitão Aza fez um discurso maior. O nome de Silvio Santos não foi enfatizado. A finalidade era outra: a de mostrar a verdade de Seu Sete. Pela Embratel. Para todo mundo ver e observar.

Havia opiniões contrárias à presença de Seu Sete no programa de Flávio. Alguns conselheiros achavam que o fato poderia gerar a ideia de objetivo promocional e irrelevante. Por que Flávio não importava suas câmeras para uma sessão de sábado, gravando em VT?

Flávio explicou a impossibilidade técnica dessa situação. Apenas isso.

---

1 Nome artístico de Wilson Vasconcelos Vianna (Rio de Janeiro, 1928 – Rio de Janeiro, 2003), foi apresentador de programas infantis da televisão. O Capitão Aza foi criado em setembro de 1966, como homenagem ao falecido herói Adalberto Azambuja que lutou na Segunda Guerra Mundial (nota do organizador).

Seu Sete mandou a banda tocar o hino do Flamengo. Sem provocação (Flávio é Fluminense). Outras melodias encheram o ar úmido. A musica alegre tem o poder de catalisar as vibrações mentais formando uma corrente mediúnica positiva. Essas forças vibratórias influenciam o fenômeno da cura.

É hora grande. É meia noite. Seu Sete forma sua corrente mais poderosa. Flávio, Adalgisa Nery e toda equipe do programa entram na corrente de mãos dadas. Musica suave corta um silêncio de meditação. É a hora de pedir. Na vibração do amor.

Logo mais Flavio recebia a resposta de Seu Sete:

– Vou ao seu programa. Eu e o meu povo. Mas se você me deixar à vontade.

– É claro, Seu Sete. O senhor ficará à vontade. O programa será seu.

– Não vou para me exibir. Vou para espalhar a mensagem do amor, da caridade. Vou porque difundir a fé e o amor é praticar uma caridade mais alta e mais eterna. Se no tempo do Cristo existisse televisão, eu tenho certeza que Ele usarias os canais para pregar seus Evangelhos. Por isso vou. O amor da nossa Lira atingirá maior quantidade de corações.

As explicações

Flávio agradece é faz perguntas. José Gomes, esposo da médium de Seu Sete, Mãe Cacilda, aceita o diálogo proposto por Flávio:

– Para que Seu Sete bebe marafo?

– Para proteger o corpo do médium contra pesadas vibrações presentes no ato das curas. O marafo também é elemento de fluidificação astral específico para curas difíceis, essas que tem origem cármica, isto é, que decorrem de dívidas contraídas.

– Por que ele dá banho de marafo no pessoal?

– É um banho de fluídos benéficos através do marafo. Mironga da magia curativa.

– Por que fuma charuto?

– A fumaça é uma espécie de detergente astral. Ela destrói as vibrações deletérias. Limpa o ambiente. Quer seja fumaça de defumador, do charuto ou cachimbo de preto velho. As pessoas, quando chegam a um terreiro, podem trazer cargas vibratórias negativas. O aura sujo. A fumaça faz a faxina.

– Por que Seu Sete usa vermelho e preto?

– São as cores de sua missão na Terra. Isso não quer dizer que ele não seja um espírito de luz.

– Por que suas músicas de cura às vezes são sambas, bolero e outras melodias populares?

– Porque qualquer tipo de musica alegre, comunicante, provoca a interação vibratória, isto é, harmoniza os pensamentos, convoca a fé, produzindo corrente que atrai as falanges de cura do espaço. A musica é um grito de socorro.

As explicações foram satisfatórias. Flávio passou a compreender melhor o que via e o que lhe contavam sobre curas de câncer e outros males.

Seu programa parecia certo. Sem problemas. A Tupi transformada num super Maracanã da fé. Goleando todos os Ibopes. Uma provável estimativa, levando em conta a força da comunicação de Seu Sete. Escrevemos estas notas numa quinta-feira. Flávio mostrou Seu Sete no domingo. Com gente inundando a praia da Urca e os estúdios. Um sucesso sem precedentes.

Seu Sete da Lira - a volta por cima

Reportagem de J. E. Gomes

***Última Hora - UH Revista*, 17 de janeiro de 1983, n. 10872**

Na capa do periódico aparecia a chamada para a reportagem que anunciava a volta de Seu Sete da Lira:

> Depois de dez anos de retiro, dona Cacilda de Assis, o Seu Sete da Lira, agora com 63 anos de idade, está de volta: ela permitirá ser vista no próximo domingo, quando será feita a saída da camarinha, no roncó da Cabocla Jurema, de novas sacerdotisas ou iaôs, iniciadas no rito de Umbanda. A cerimônia marcará, também, a ressurreição de Seu Sete, fervorosamente aguardada por seus milhares de fiéis. *UH Revista.*

Figura 23 – *Fonte: http://obdigital.bn.br*

Figura 24: Seu Sete no Programa Flávio Cavalcanti em agosto de 1971 – Acervo de Cristian Siqueira

A Estrada do Lameirão, em Santíssimo, à altura do número 470, sai a Rua Magnesita onde, quase no final, está a **Gira do Seu Sete**. Um portão de ferro praticamente arrebentado, corroído pela ferrugem e fora dos gonzos, dá acesso ao terreno. Lá embaixo, numa espécie de socavão[1] ao qual se tem acesso por uma estradinha esburacada, está um enorme pavilhão aonde, menos de dez anos atrás e especialmente aos sábados, dona Cacilda de Assis, o Seu Sete da Lira, hoje com 63 anos, chegou a ser visitada por mais de 30 mil pessoas.

Personagem da cidade, notório e controvertido, com aparecimento praticamente diário no rádio, jornais e televisão, Seu Sete da Lira e/ou dona Cacilda de Assis hoje estão esquecidos. Fechada no retiro em que se constituiu sua própria casa, rodeada por muros altos e isolada por um denso bosque, ela se decidiu a não atender ninguém fora das horas do culto e "nunca mais" dará entrevistas à imprensa. Depois de alguma insistência, quando serviu de intermediário entre ela e o repórter, seu filho Evanir, decidiu permitirá ser vista e aceitará expor seus novos planos no próximo dia 23 de janeiro, domingo, quando será feita a saída da camarinha, no Roncó da Cabocla Jurema, de novas sacerdotisas, ou iaôs, iniciadas no rito de Umbanda, ponto de partida para a ressurreição não somente das atividades de dona Cacilda de Assis, mas de Seu Sete da Lira.

– Diga a ele que estou forte como antes – transmitiu ela ao repórter, através de seu filho Evanir.

1 Esconderijo, lapa, abrigo (nota do organizador).

Refúgio

Há quase dez anos, quando decidiu isolar-se do mundo, fugindo à Imprensa com medo de interpretações erradas sobre o seu culto e principalmente, fugindo de pessoas que se "aproveitavam de sua simplicidade e de sua boa fé". Dona Cacilda de Assis se constituía no centro de uma discussão na qual estavam envolvidos não somente os princípios e finalidades dos cultos afro-brasileiros como a própria utilidade dessa fé.

Misto de Candomblé, Quimbanda e Umbanda, num rito trançado que fugia às normas gerais em uso no Rio, quando os cultos obedeciam a regras mais ou menos definidas, com tendências claras para a magia negra, embora praticassem a magia branca ou vice-versa, ela começou por uma variação notável. Dentro do seu imenso terreno, um sítio de muitos hectares, entre a estação de Santíssimo e a Avenida Brasil, foi construído um templo branco, grande, espaçoso e enfeitado, destinado à Umbanda pura: o roncó da Cabocla Jurema. Ali as sessões eram mais ou menos restritas, destinadas aos adeptos da Umbanda da magia branca.

Alguns metros abaixo, fora do bosque e depois da cachoeira, foi construído um imenso galpão, praticamente aberto, onde funcionava a **Gira de Seu Sete**. Com bar e uma espécie de parque de diversões anexo, onde eram vendidos desde velas e produtos diversos ligados ou não ao culto, o centro exercia a verdadeira atração do lugar, não somente pela diversidade do culto, mais liberal e mais misterioso, como pela beleza folclórica. Ali havia não só uma aproximação com Iemanjá, a maravilhosa deusa das águas, expressão feminina dos Orixás, mas também o culto de Exu, o poderoso deus do bem e do mal, das profundezas e da salvação, dos caminhos escuros e das estradas luminosas, conforme a maneira de tratá-lo melhor, pela qual seja invocado.

Com o retiro de dona Cacilda e/ou Seu Sete da Lira, o abandono tomou conta de tudo, a mãe de santo trabalhando mais por "amor à crença e obrigações com os santos" e, nas giras dos sábados, a frequência não atinge quinhentas pessoas, sendo que mais de um quinto são filhos de santo, homens ou mulheres remanescentes daquele tempo de glória e os outros são fiéis que insistem em não abandonar o terreiro, poucos jovens, alguns curiosos e, de vez em quando, alguém da Zona Sul que vem recordar os velhos tempos.

A saída

No próximo dia 23, porém, na tenda da Cabocla Jurema, situada no meio do denso bosque, haverá a saída da camarinha, quando novas sacerdotisas ou filhos de santo se incorporarão ao grupo de novos adeptos fiéis e decididos à reativar o culto de Umbanda. A saída está prevista para as 20 horas e os filhos de santo, todos jovens, ou muito jovens, serão os novos guias ou auxiliares de **Seu Sete** nessa ressurreição bastante desejada.

Apesar disso, não será um espetáculo para turistas ou feito para visitantes curiosos, como seria de se esperar. Será uma festa restrita, embora de portões abertos, pois a casa de Umbanda e a **Gira de Seu Sete** estarão franqueados aqueles que desejarem ver a reabertura dos trabalhos, feitos com a iniciação das iaôs. Só que, desta vez, as pessoas terão que enfrentar a Estrada do Lameirão mais estreitada pelo mato e a Rua Magnesita inteiramente esburacada, devido ao descaso e ao menor movimento de trânsito. E, também, dona Cacilda de Assis como uma sacerdotisa mais tímida e menos decidida a "fazer o jogo de espertalhões" que – segundo seu filho Evanir – fizeram muito mal aos ritos, prejudicando a maior babalorixá[2] jamais nascida no Brasil.

A famosa babalorixá estabelece absoluta separação entre o local fechado, rodeado por bosques e de acesso permitido somente nos dias de culto, dedicado a Cabocla Jurema e a Gira, situada em área praticamente aberta. Segundo Onofre de Moura, morador em Senador Camará e que já foi frequentador do terreiro, 57 anos, contador formado, a diferença é inclusive cultural.

– Esse fator cultural talvez nem passe pela cabeça de **Seu Sete**, mas na Gira está algo muito próximo do Candomblé de pura origem afro, rústico e rude, primitivo. Na tenda da Cabocla Jurema esta toda a beleza do ritual, o verdadeiro sincretismo.

2 O termo correto para as mulheres é Ialorixá (nota do organizador).

Ali está mais o Brasil e menos a África. Estão o Catolicismo, o Kardecismo, a magia branca e seus mistérios insondáveis, belíssimos.

– Cabocla Jurema não seria uma entidade do Candomblé?

– Também. O Candomblé é a origem, afinal, mas ela está na linha de Oxóssi, dentro da Umbanda, na legião chefiada por seu nome.

Os mistérios

Quem escolhe as pessoas para serem iniciadas no rito da Umbanda não é a mãe ou pai de santo. E sim, o próprio Orixá. O culto dos Orixás, as entidades supremas dos cultos afro, e os cuidados com as casas de santo estão entregues a sacerdotisas (babás) conhecidas como filhas de santo no culto nagô, vodunsis no jeje e cavalos no Candomblé de Caboclo.

O andamento da iniciação tem fases diversas. Na primeira delas, a mãe olha o santo do iniciado através do jogo de búzios, mesmo que esse iniciado já tenha uma compreensão anterior, já tenha bolado para o santo. Depois, como passo seguinte, o iniciado começa a juntar dinheiro para as despesas de seu santo, que são altas. São obrigados a sair às ruas com um alguidar de pipocas e pedir ajuda.

A partir do momento em que a mãe de santo tem a revelação através dos búzios a quem o iniciando deve se devotar, eles passam a ser verdadeiros escravos dos Orixás, suas vidas perderão qualquer finalidade particular. A partir daí, seu próprio casamento ou aceitação de emprego podem estar decididos pelo Orixá.

Entre suas obrigações, a partir daí, deverão homenageá-lo no seu dia da semana e abster-se de ralações sexuais naquele dia e não comer as comidas proibidas por seu santo. Devem preparar as roupas de sua entidade e passar a morar nos locais sagrados da Umbanda ou do Candomblé – os roncós ou pegis –, abandonando a família, seu trabalho, as atividades paralelas, inclusive os amores terrenos, para fazer parte, numa integração total, dos deveres e preceitos da magia.

Búzios

O ritual do jogo de búzios é sagrado, misterioso como tudo o que rodeia a Umbanda, segundo seus adeptos. Na mesa, preparada para o jogo, deve haver uma toalha branca, alvíssima. Um copo com água, uma vela, peneira de palha (urupema), só usada no ritual de Angola; um prato com cebola (lubaça) cortada em fatias, só usada nos candomblés de caboclo, que é o ritual nagô submetido a forte influência americana, através da tradição e crenças indígenas.

A escolha dos materiais para o jogo depende dos babalorixás. Enquanto uns preferem ataré (pimenta da costa), obi (noz de cola) e orobô (semente de origem africana), outros escolhem a esteira de Ifá (entidade intermediária entre os Orixás) que, lançada ao chão, responde às perguntas.

Normalmente são lançados 16 búzios, dependendo da entidade que fala. Exemplos: Etaogundá, quando fala é de Ogum e Ejionilá, quando a combinação é de Oxalá. Oxé são as falas de Iemanjá e de Ogum, enquanto que as manifestações de Exu são Okaron, Quanrin e Odi, simbologias, no geral, só compreendidas e interpretadas pelos mestres do culto.

Lançados os búzios são estudadas as caídas (as posições em que as peças se dispõem) no conjunto. Depois é feita a verificação, isto é, que e quantos lados caem para baixo ou para cima. Cada conjunto é chamado de Odu, que também é uma figuração que se relaciona com as histórias dos Orixás, seus entrelaçamentos, o que dificulta muito a interpretação. Isso, naturalmente, além de fazer com que o lançador de búzios, não sendo muito atento ou estando por demais submetido a influências externas, possa cometer erros.

Ritual Nagô

A iniciação das filhas de santo, que ocorrerá no próximo dia 23 de fevereiro, domingo, dia de todos os Orixás, no roncó da Cabocla Jurema, no terreiro de dona Cacilda de Assis, é cerimônia praticamente fundamental nos candomblés e na

Umbanda. Jurema é uma entidade importantíssima na linha de Umbanda e a palavra também significa mata, local profundo e misterioso onde moram todos os caboclos de Oxóssi. Seria um refugio de deuses, com todos os mistérios e eflúvios mágicos que isto possa implicar.

A opinião geral das iniciandas é que dentro das camarinhas de santo, sob influência dos Orixás, não podendo falar com ninguém, num isolamento praticamente total, embora escolhido, tudo acontece de maneira mágica, de intensa alegria mística.

– Ali eu falava com os deuses – revelou Wandete de Andrade, uma das últimas filhas de santo iniciadas. – Os deuses que são meus anjos da guarda e meus protetores estavam próximos. No dia em que fui dar o nome de meu Orixá, levantei-me muito cedo, ali pelas três horas, pois não conseguia dormir, minha noite inteira tendo sido agitada. Mas não havia angustia e nem medo e sim uma alegria muito forte, uma sensação de euforia e compreensão.

O santo de cada iaô tem característica rigidamente pessoal. No dia exato da iniciação, as antigas filhas de santo usam roupas brancas, bem lavadas e engomadas, sem o mínimo vestígio de manchas, depois de terem deixado de fora do santé as roupas usadas, tomado banho de ervas perfumadas ao ar livre, para que as vibrações da natureza atuem sobre seus corpos.

O passo seguinte seria aprender os cantos e o toque dos atabaques para identificá-los posteriormente. No orunkó (dia em que os Orixás das iniciandas dizem seus nomes ou diginas) é realizada uma festa pública, durante a qual as iaôs dançam sob a influência dos seus Orixás, possuídas e em transe, gritando seus nomes. Daí em diante, também, elas lhe farão ofertas de alimentos para Omulu às segundas feiras. Nanã Buruquê e Oxumaré às terças; Xangô e Iansã, quartas: Oxóssi e Ogum às quintas; Oxalá as sextas, sendo reservados os sábados para sacrifícios e comidas para Iemanjá e Oxum. O domingo é dia dedicado a todos os Orixás.

No dia seguinte a saída da camarinha, bastará às iaôs ouvir o alabé para seu Orixá para identifica-lo e a partir daí suas vidas e a vida dos seus santos estarão entrelaçadas, ela sendo sua escrava devotada pelo resto dos dias e ele seu senhor.

No dia 23 de janeiro, domingo, a saída da camarinha significará também o reinicio das atividades de um terreiro que, injustamente é provável, estava quase esquecido.

Figura 25: Charge publicada no jornal *Última Hora*, de 17 de janeiro de 1983, remetendo o leitor para a reportagem sobre o famoso Exu Sete da Lira ***na UH Revista*** - Fonte: ***http://obdigital.bn.br***

Como voltou Seu Sete da Lira

Reportagem de J. E. Gomes

Última Hora - UH Revista, **25 de janeiro de 1983, n. 10880**

Vejamos a chamada da matéria:

Charuto entre os dedos e uma garrafa de marafo na mão, Seu Sete da Lira voltou. Em grande forma. Manifestado em Cacilda de Assis, editora, conferencista e escritora, quando não está incorporada, comandou, domingo, a segunda parte da camarinha – saída de 20 filhos e filhas de santo – no santé da Cabocla Jurema. A festa começou às 20 horas e acabou quando amanhecia a segunda feira. O repórter José Edson Gomes acompanhou toda a cerimônia e a descreve, na página 3, como um espetáculo de grande beleza, feito de ritmo, cor, movimento e profunda devoção de todos, gente simples do povo ou médicos e advogados, magnetizados pela força de Seu Sete.

Iniciação na Umbanda – Seu Sete da Lira consagra 20 novos filhos de santo

No santé da Cabocla Jurema – cuja sacerdotisa (ialorixá) é Cacilda de Assis de Souza, o Seu Sete da Lira,[1] agraciada pelo Papa João Paulo II com um diploma de homenagem – houve domingo a saída da camarinha de 20 novos filhos e filhas de

1 Tanto nesta matéria, como na anterior, percebe-se aqui que o repórter confunde A médium com a entidade. (nota do organizador).

santo, iniciadas nos ritos Nagô e de Angola. A beleza do espetáculo é sem dúvida impressionante, feita de ritmo, cor e movimento e as festividades, partindo das oito da noite de domingo, chegaram praticamente à manhã de segunda, poucas horas antes do nascer do sol.

Dividido em duas partes, teve na primeira, que ultrapassou a meia noite, a saída de camarinha dos novos iniciados, orientados por Cacilda de Assis vestida de branco e aparentando os 53 anos de idade que tem na verdade ou talvez um pouco menos.[2] Na segunda parte, a **Gira de Seu Sete**, a transformação foi absoluta. Não somente a Babá usava roupas diferentes, à base de negro e dourado, como toda a sua energia transparecia de maneira absoluta, como se a noite estivesse apenas começando. Mas já passava de uma da manhã quando, com um enorme charuto entre os dedos (o quinto naquela noite) e uma garrafa de marafo na outra mão, ela entrou no recinto, sendo saudada pelos filhos de maneira efusiva.

Pontos cantados, palmas, gritos de viva e beija mão reverentes saudaram a entrada de Seu Sete. O ritmo dos tambores não era o mesmo da primeira solenidade, sendo agora mais impetuoso e com semelhança muito aproximada com samba ou marchas de carnaval e onde o estribilho "Salve, salve Seu Sete da Lira, Seu Sete de Aruanda", repetia-se durante muitos minutos, enquanto a ialorixá saudava os filhos de santo, agora todos de branco, derramando gotas de marafo pelo chão, curvando-se diante da imagem de Oxóssi (São Sebastião) caminhando pelo salão num vai e vem constante. Entre os cantos e o som dos tambores repetiam-se as homenagens a Oxóssi e o beija mão e as garrafas de marafo.

Pais e filhos de santo

A primeira obrigação dos filhos de santo é a lavagem da cabeça feita com ervas e sangue de animais e aves, vindo a seguir o bori com frutas, bebidas, galinha branca e mel, variando esses ritos e normas conforme variam as seitas afro-brasileiras em vigência no Brasil e que são tantas, praticamente, quanto os

2 Dona Cacilda de Assis nasceu em 1917. Logo em 1983 tinha 66 anos (nota do organizador).

nomes atribuídos a Yemanjá.

O lugar onde a pessoa fica sentada durante a cerimônia, o **Iaté**, é ornamentado com flores brancas. A terceira cerimônia é o recolhimento ao **Pegi** (santuário), onde estão os objetos simbólicos dos Orixás. Ali ele ficará entre 5 e 180 dias, dependendo da decisão dos Orixás, embora haja terreiros no Rio de Janeiro onde a permanência não excede 24 horas, nunca ultrapassando em outros os sete dias, caso do Roncó da Cabocla Jurema, orientado por Seu Sete da Lira. Ali, entretanto, os rituais são cumpridos com fervorosa rigidez, havendo de se notar a perfeita caracterização dos filhos e filhas de santo conforme os Orixás que os escolherem.

O dia de saída da camarinha (ilê, roncó, santé) é sempre de grande festa em comemoração a data importante (dia 23 de janeiro foi o 41° ano do início das atividades oficiais do Roncó da Cabocla Jurema, orientado por Cacilda de Assis). Para essa festa o pai de santo convidará o máximo de pessoas para assistirem à saída, sendo imprescindível a presença de todos os iniciados naquele terreiro.

Terminadas as cerimônias, o iniciado receberá a designação de babalorixá (ou ialorixá, se for mulher) que também corresponde a tratador de santo, podendo exercer todas as funções inerentes a seu cargo, que entretanto só se completarão com sete anos de atividades contínuas e um ciclo de iniciações chamado **diginas**. Entre as funções recebidas pelo babalorixá incluem-se iniciar novos filhos de santo, preparar os Orixás e resolver pelos búzios, qualquer problema surgido dentro do terreiro, além de dirigir os passos do ritual, de acordo com sua função de sacerdote e de líder da comunidade religiosa.

As funções são transmitidas numa ordem de sucessão que não pode ser quebrada, desde que as determinações, feitas pelos Orixás, são reveladas através do jogo de búzios, e registradas num testamento, onde constarão, por ordem de sucessão, todos os herdeiros. As funções incluem preceitos e deveres a cumprir e os filhos de santo devem obediência a seus babalorixás, não sendo permitida nenhuma suspeita de desonestidade. Todas estas qualidades e muitas outras são avaliadas no momento da sucessão, pois o indicado não está sozinho na pratica de sua religião havendo algo fundamental que é a consulta aos Orixás, base de todas as decisões. Aliás, uma das normas dos terreiros, principalmente entre os mais importantes e tradicionais como o de **Seu Sete da Lira**, é o apego às normas e segredos que "não podem ser revelados".

Entre estes segredos (mistérios do culto) estão desde as variações de nomes entre os Orixás e suas manifestações, a discussão sobre linhas, legiões e a própria terminologia adotada no culto, chegando ao nome próprio ou endereços dos iniciados. Apenas a ialorixá, no caso do terreiro de **Seu Sete**, pode falar por todos, respeito que é considerado sagrado e não quebrado pela sua própria linha de sucessão (Oxogum, que é Pedro Jacinto de Alcântara; Mãe Pequena, Ekedis e, muito menos, cambonos, que são auxiliares de culto). Entre os cambonos, filhos de santo e outras funções importantes no terreiro do **Seu Sete da Lira**, existem médicos, engenheiros, advogados, pessoas nominalmente cultas e capazes de falar horas inteiras sobre os mistérios da religião umbandista e suas variações, sem permitir que seus nomes sejam citados. "O senhor precisaria falar com a Mãe, que decidiria o que pode ser transmitido". Na dificuldade de revelação desses segredos, aliás, pode estar o mistério maior.

Orixás, cores e dias

Assim como as outras religiões, a Umbanda tem como princípio a Unidade, a Trindade e o Setenário. A Unidade é Deus (Olorum); a Trindade: Obatalá (Pai), Oxalá (Filho) e Ifá (Espirito Santo). O setenário é constituído pelos Orixás: Oxalá (domingo, cor branca); Yemanjá (segunda feira, azul); Ogum (terça feira, vermelho); Oxóssi (quarta feira, verde); Xangô (quinta feira, marrom ou roxa); Oxum (sexta feira, amarelo) e Omulu (sábado, preto e branco). As cores e os dias dedicados aos Orixás variam não somente de acordo com as diversas seitas e suas variações, como até de terreiro para terreiro e, ainda, conforme suas manifestações, desde que um mesmo Orixá possa se manifestar de diversas maneiras.

Na saída da camarinha realizada no último dia 23 as cores

dos Orixás e outras entidades que se manifestaram foram as seguintes, pela ordem de descida: Oxalá, branco; Xangô, branco e marrom; Iansã (entidade feminina de Xangô), amarelo; Ogum, preto, vermelho e verde; Oxum, branco e azul claro; Yemanjá, branco e azul claro. **Ritos de Angola**: Caboclo Sete Estrelas, variação interna de cores e Pretos Velhos, azul chumbo. As últimas entidades a descer foram Beiji (criança), seda azul chumbo, brilhante e branca; Pombagira, vermelho e preto. Para cada entidade manifestada e suas variações (Ogum Tonan, Ogum Pelecó, por exemplo) havia um ponto cantado e um ritmo próprio dos tambores.

São as seguintes as demais características dos Orixás, manifestados ou não no terreiro do **Seu Sete da Lira** no último dia 23:

Oxalá: é o deus da procriação, tendo duas formas básicas: sob o nome de Oxaguiam, veste-se de branco e é guerreiro; sob o nome de Oxalufan, dança curvado e tem aparência de velho, apoiando-se num cajado. Reina sobre as portas das igrejas e os cimos dos montes, tendo correspondência na religião católica com o Senhor do Bonfim. Seu criado (Exu) é Lúcifer.

Yemanjá: divindade das águas salgadas, dança imitando o movimento das águas revoltas e é considerada a mãe de todos os Orixás. Reina sobre o mar; seu criado é Lalu e tem correspondência na Igreja Católica (no Rio de Janeiro) com Nossa Senhora da Glória.

Ogum: divindade dos agricultores reina sobre as demandas e as estradas de ferro. Dança armado de espada e incentiva a guerra e os combates, tendo como criado Tiriri. Na Igreja Católica o santo de sua correspondência é São Jorge.

Oxóssi: a divindade dos caçadores, tendo como criado Tranca Ruas, é representado sempre com arco e flecha. Sua dança representa a caça e na religião católica seu correspondente é São Sebastião. Reina sobre as matas.

Xangô: deus do trovão. Reina sobre coisas nobres, raios e pedreiras. Tem correspondência na Igreja Católica com São Jerônimo e seu criado é Marabô. Dança com majestade, devido a sua condição de ancestral dos reis yorubás, trazendo na mão um Oxé (dupla machadinha). Enquanto dança tira do embornal pedras sucessivas, lançando-as ao solo para mostrar sua cólera.

Oxum: corresponde no culto católico a Nossa Senhora da

Conceição e tem como criada Pombagira. Divindade das águas doces tem o sexo indefinido, especialmente porque dança com requebros e atitudes de mulher provocante, olhando-se constantemente num espelho e tendo o braço ornado por braceletes.

Omulu: seu criado é Dakê. Santo católico a que corresponde é São Lázaro, o ressurreto. Divindade das doenças contagiosas, reina sobre os cemitérios. Está sempre vestido de palha, tendo nas vistas as marcas deixadas pela lepra. Sua dança simboliza as doenças, os corpos enfermos e trôpegos.

O culto e a beleza

É possível que além do mistério típico dos cultos de Umbanda (e seitas correlatas) seja a beleza o que mais atrai os adeptos que se tornam fiéis de alguns terreiros por anos e anos.

As danças de ritmo lento, mas continuado, os cantos tendo como letras as línguas de base africana, cheias de palavras e expressões incompreensíveis, naturalmente modificadas ao infinito pelos fiéis de pouca ou nenhuma cultura, os mistérios implicados na significação dos Orixás e entidades paralelas ou inferiores, tudo isto e muito mais propicia um acréscimo extraordinário de frequentadores dos centros, a maioria dos quais, entretanto, não abre mão de sua filiação católica, utilizando os terreiros de Candomblé ou templos de Umbanda para praticar seus exorcismos, utilização de despachos contra malefícios.

A presença de Cacilda de Assis no terreiro, paramentada como ialorixá, exerce um fascínio enorme nos adeptos fiéis. E que se torna extraordinário quando ela se transforma, através de roupagens novas, masculinas e exuberantes, em **Seu Sete da Lira**, capaz de fumar um charuto atrás do outro e beber várias garrafas de marafo (cachaça) sem que os efeitos (pelo menos aparentemente) ultrapassem o horário das sessões. Ao amanhecer do dia, terminadas as atividades do culto, quando dançou e cantou, dirigiu os trabalhos por quase oito horas seguidas, ela parece outra mulher, sem revelar efeitos do álcool, e já preocupada com sua entidade jurídica: Cacilda de Assis Souza, "editora, conferencista e escritora".

A umbanda e os Correios

Diamantino Fernandes Trindade

Figura 26: Umbanda – Sincretismo Religioso Brasileiro
Emissão especial dos Correios

Em 15 de maio de 2014 os *Correios* lançaram o selo especial Umbanda - Sincretismo Religioso Brasileiro e um carimbo comemorativo. O lançamento ocorreu em sessão solene em homenagem à Umbanda, às 20h, na Assembleia Legislativa do Estado de São Paulo e contou com diversas autoridades religiosas e políticas.

Não foi a primeira vez que a ECT homenageou a Umbanda, pois em 2012 houve o lançamento de um carimbo comemorativo em homenagem á Zélio de Moraes e o dia Nacional da Umbanda.

Figura 27: Carimbo de Primeiro dia de Circulação – Correios

Figura 27: Carimbo de Primeiro dia de Circulação – Correios

Macumba e umbanda

Diamantino Fernandes Trindade

Pelo menos até o início da década de 1960 havia uma clara distinção entre os frequentadores dos rituais da Umbanda e da Macumba. A Umbanda mantinha, ainda, um pouco das práticas elitizadas do Espiritismo e a maioria dos frequentadores era de classe média branca. Já as pessoas que acorriam às macumbas eram geralmente pobres e negros.

Uma parte significativa dos terreiros de Umbanda ficava nos primeiros andares dos sobrados e as macumbas funcionavam no rés do chão. A própria imprensa, por falta de conhecimento, confundia a Umbanda e a Macumba conforme podemos ver na reportagem de 1930 do ***Diário da Noite*** e na figura 31. O charlatanismo de sempre também estava presente na reportagem.

Mostramos em seguida uma reportagem de 1941 da ***Revista da Semana***, de Mariza Lira, onde ficam explícitos o desconhecimento da jornalista além do seu preconceito. Percebe-se no texto que o sacerdote, tal qual entre os bantos, é chamado de Umbanda, Kimbanda ou Embanda.

VÃO SOFRER OS RIGORES DA LEI – O Caboclo "Ouro Preto" da Linha de Umbanda perdeu o prestígio

Diário da Noite, **25 de julho de 1930, n. 248**

A polícia acaba de receber comunicação da condenação dos conhecidos "macumbeiros" Claudemiro Amphristo Pimentel e Domingos Bastos, mais conhecido pelo vulgo de "Domingão".

Este foi condenado a três meses e meio de prisão celular e multa de 500$000 e aquele há sete meses, ambos como incursos no art. 157 do Código Penal, respectivamente, pelos juízes da 8ª e 4ª Varas Criminais. Essas sentenças foram confirmadas pela Corte de Apelação, o que resultou serem presos Claudemiro e "Domingão" e enviados para a Casa de Detenção.

Claudemiro é o homem que praticava o falso espiritismo, além de ser macumbeiro. Dizia trabalhar com um caboclo forte, denominado "Ouro Preto", da linha de Umbanda, especialista na cura de "ventre virado" e "fluidos ruins".

O processo que o condenou foi aquele em que ele, na sua casa de ervas, à Rua Arehias Cordeiro, 664, Engenho de Dentro, consultava Aida Soares, sendo colhido em flagrante pelos auxiliares do Dr. Augusto Mendes, no exercício da falsa medicina.

Desta vez, o seu caboclo não teve forças para salvá-lo da penitenciária.

"Domingão", o outro condenado, além de praticar uma macumba das mais sórdidas, dizia-se conquistador de senhoras casadas, contando com o apoio do seu caboclo, denominado "Tupynambá".

Dizia curar "espinhela caída", "mal dos pobres" e outras moléstias engendradas pelo seu cérebro.

Ambos já têm diversas entradas na 4ª Delegacia Auxiliar, conseguindo escapar sempre à ação da justiça.

Desta vez, porém, vão sofrer os rigores da lei nos domínios do Sr. Meira Lima, que não é "Pai de Santo" nem com eles comunga.

Macumbas cariocas

Mariza Lira

***Revista da Semana*, 29 de março de 1941, n. 13**

Mal grado a proibição do Código Penal, no Rio de Janeiro, as macumbas realizam-se secretamente do Leblon à Pavuna.

No entanto, não são mais reuniões negras ao ritual fetichista, são sessões de pura especulação.

Todos os povos criam suas religiões à altura do seu estado cultural. O negro africano, de civilização primitiva, encontrou nos seus fetiches e mandingas a forma religiosa que melhor convinha à ignorância em que vivia.

E, como toda religião é baseada em princípios aprimorantes, a religião africana mesmo primitivíssima, tal como a dos nossos selvagens, não foi condenada pelos jesuítas que iniciaram a catequese do Brasil.

Com habilidade e inteligência, os missionários católicos procuraram estabelecer uma conjugação entre a forma rudimentar religiosa do índio e do negro e o catolicismo. Pretendiam assim atraí-los à Igreja.

Isso é constatado na grandiosa obra de José de Anchieta, nas primeiras festas do Brasil Colônia, nas coroações dos reis negros, nas congadas e taieras.[1]

Mas o que motivou a necessidade de reprimir essas práticas fetichistas foram o exagero e a exploração, tão prejudiciais ao bom conceito da cultura brasileira.

1 Grupos formados em sua maioria por mulheres afrodescendentes que dançam e cantam (nota do organizador).

Em todas as civilizações, mesmo nas mais adiantadas, paralelamente à religião, por assim dizer, oficial, de princípios morais de alta concepção, seguem as religiões populares que vão sendo lentamente absorvidas.

As macumbas cariocas, porém, ao invés de irem se purificando ao contato do catolicismo ou de outra forma religiosa qualquer também alevantada, tem degenerado, transformando-se em centros de magia, aliás condenáveis.

Tolerância polícial, ingenuidade popular, qualquer que seja a causa, as macumbas cariocas, com raríssimas exceções, fogem às características do ritual criado no pais de origem, além de constituir um grande perigo e serem elementos de degradação popular.

Da grande massa negra entrada no Brasil durante a escravidão, as levas chegadas ao Rio de Janeiro, eram constituídas dos negros mais feios, mais ignorantes e mais atrasados – os bantos.

Eles nos trouxeram as macumbas.

Como vieram em menor proporção e eram mais inferiores absorveram muito da religião dos yorubás e dos malês da Bahia, conservando apenas traços fortes do culto original. Os rituais dos negros do Rio estão ligados aos mortos (animismo), aos animais (totemismo) e o mais perigoso é a medicina mágica.

Do culto fetichista conservaram a adoração das pedras e da luz, sob a materialização do girassol, tão empregado nos préstitos dos ranchos carnavalescos.

O deus principal é Zambi, adorado sob a forma de um objeto qualquer. Não confundir com Zumbi, maléfico fantasma noturno.

Os santos, em franca confusão com os da Igreja Católica, são numerosos. Tantos que quase sempre "baixam" em grupos ou "falanges" e pertencem a varias "nações" ou "linhas".

Durante as macumbas surgem – "linha da Costa", "linha de Umbanda", linha de Quimbanda", "linha do Congo", "linha do Mar" etc. Outras vezes surgem, ao mesmo tempo, várias "linhas"; são chamadas "linhas cruzadas".

O culto dos mortos pelos bantos fez com que a macumba participasse do espiritismo; é o que se chama de "linha científica". Da influência indígena resultou a "linha de Caboclo" e do culto dos negros malês da Bahia surgiu a "linha de Mussumim" (corruptela de Mussulmim).

Dos rituais negros do Brasil a macumba é o mais simples. O "terreiro", lugar onde se realiza a macumba, é em geral modestíssimo. Tanto pode ser dentro como fora de casa. Recebe sempre o nome de protetor, espírito que "baixa" familiarmente em todas as sessões. Daí proliferarem as macumbas de Maria do Congo, Macumba do Caboclo Sete Flechas, Macumba do Seu Tranca Ruas etc.

O ritual é variabilíssimo, principalmente nos últimos tempos, porque qualquer espertalhão se sente com forças para ser "Pai de Santo", ou melhor "Quimbanda, Umbanda ou Embanda".

De acordo com a ignorância, presunção e fantasia o "umbanda" dirige o ritual da macumba e tal como os sacerdotes tem um ajudante, o "cambone ou cambono". Os "filhos de santo" nas macumbas são os médiuns.

Lá para os lados do Irajá havia uma macumba famosa, a da Maria Loanda, nome do espírito protetor – uma escrava sacrificada pela acusação injusta do assassínio do senhor.

Essa macumba funcionava num casebre tosco no fim de uma rua interminável, num ambiente sem conforto nem higiene. Assim mesmo, às segundas e quintas feiras, atraía gente de todas as classes sociais – doentes, desesperados da vida, infelizes no amor, fracassados em negócios, que procuravam a macumba

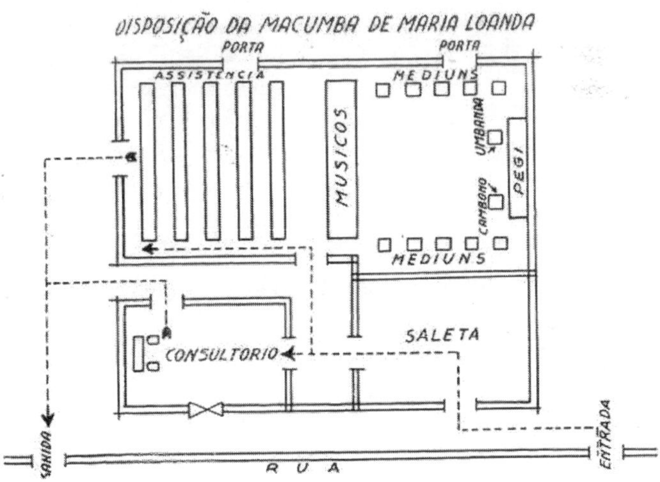

Figura 29: Disposição da Macumba de Maria Loanda

como remédio infalível ao seu desespero.

A entrada era feita por uma saleta onde um molecote sabido vendia os cartões, imundos aliás. Cada um custava cinco mil réis e os "especiais" dez, tal como nos consultórios de nomeada. Havia uma formalidade indispensável: o negralhão perguntava sempre, como justificativa ou receio da polícia, de parte de quem vinha o consulente. Desse compartimento infecto, por um corredor ia se passando, à medida que era despachado o consulente anterior para o "consultório", onde havia uma mesinha de pinho, coberta com um pano desbotado sobre a qual estavam em confusão imagens, búzios, velas, um copo com água e um galho de arruda, papel, lápis etc. Ao lado, dois banquinhos simplíssimos.

Às segundas feiras, pela manhã, todos se destinavam a esse compartimento, era dia de consulta – e de lá saiam, sem serem vistos, pelos fundos da casa. Tudo era feito misteriosamente, a portas fechadas.

Às sextas feiras à noite, entrava-se pelo mesmo processo para a sala de sessões muito maior, mas sempre pequena para a assistência que se comprimia silenciosa, atenta e até humilde, entre exalações nauseabundas de cachaça e suor catingueiro.

Ao fundo da sala havia uma espécie de altar, "pegi", coberto com uma toalha encardida com bordados em coloridos berrantes onde ressaltavam, entre guirlandas de flores de um futurismo suburbano, o Signo de Salomão, um peixe, uma meia lua e estrelas. Sobre o "pegi" a imagem de São Jorge em vulto e quadro, Santo Antonio, Santa Bárbara, São Cosme e São Damião entre jarras com flores horrendas, de papel fino, velas lamparinas de azeite, pedras, bonecos, vidros coloridos, coités enfeitados, potes de barro decorados grotescamente, colares de contas (guias), tudo misturado numa irreverência incrível. Numa prateleira abaixo vislumbrava-se uma panela de barro com uma colher de pau, um defumador de barro, garrafas de cachaça e cerveja, copos, cachimbos, fumo de rolo, carvão vegetal, pólvora, pemba e outras coisas esquisitas.

Em frente ao "pegi" duas banquetas, uma com uma almofada gafadíssima[2] de ordinário veludo vermelho para o "umban-

2 Desagradável (nota do organizador).

da" e outra, simples, para o "cambono". Aos lados duas filas de banquinhos, ao todo uns dez, para os médiuns. No centro uma série de bancos sem encosto, compridos, encerados de sujidade. Os da frente para os músicos e os outros para os assistentes. Entre o "pegi" e os bancos um espaço disponível para o "ofício", a que todos deviam assistir sem sapatos.

Às oito horas da noite, em ponto, entraram o "umbanda", o "cambono", os médiuns e os músicos, pobremente vestidos, quase todos negros e mulatos, havendo entretanto um português.

Acenderam-se as velas. Começou o ofício. Cena barbara, degradante para os nossos foros de civilizados.

Foi iniciado o "canto do defumador":

Gangá, Gangá
Como é cheiroso
O alecrim!
Gangá. Gangá

E, enquanto todos cantavam, sapateavam e mexiam o corpo como se caminhassem, o "umbanda" defumava os presentes, o "terreiro", em diagonal, já agora ao som do "canto do cruzamento":

Encruza, encruza
Contenda
Encruza, encruza
Cruzes no Reino
Encruza, encruza
Com Dom Migué

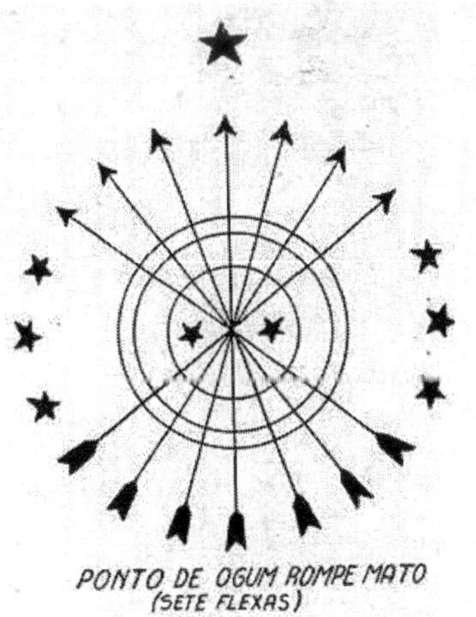

Figura 30: Ponto riscado de Ogum Rompe Mato na Macumba de Maria Loanda

O canto foi se alterando. O "Pai de Santo", o "cambono", os médiuns começaram a se movimentar violentamente, em estremeções e roncos medonhos, mudando a cantoria numa sequencia estranha para o "canto de invocação a Ogum" (São Jorge).

Capitão do Mato
É militar
Quem está de ronda
É militar
Mandou me dizer
É militar
Nos matos em
É militar

Assim foram continuando a cantar até que "baixou" São Jorge, às exclamações do "Pai de Santo" – Saravá! Louvado seja Ogum, nosso pai! Saravá!

Foi o sinal para o começo de um novo canto coral:

Sarava Ogum
Saravá!
Gente saravou
Saravá!
Saravá Ogum
Saravá!
Que está no reino
Saravá!

Essa cantoria monótona continuou por longo tempo entre oferendas de flores, doces, fitas, ovos, moedas, pombos, cerveja e cachaça.

"Baixaram" vários protetores para doutrinar os atuados e aconselhar os crédulos. A macumba chegara, porém, ao seu momento culminante. Ia ser firmado um "ponto". Uma negralhona rotunda, em pé, erecta, braços caídos, olhos cerrados, cabeça pendida para traz, deixou que o "umbanda" lhe desse "passes" em torno do corpo, da cabeça ao pés. Depois o "cambono" traçou com a "pemba" um grande círculo em torno da preta, cobrindo o traço com ligeira linha de pólvora. Entre esgares e frases cabalísticas foi ateado fogo. Enquanto a fumaça espalhava-se pelo ambiente, os médiuns voltavam a si. Correu cerveja e cachaça, bebida no mesmo coité por quase toda a assistência. Iniciaram-se novos cantos e aceleraram-se as danças sob o comando do álcool.

São assim as macumbas cariocas.

Enquanto os rituais de Umbanda eram mais próximos das práticas do Espiritismo, os rituais da Macumba agregavam práticas não tão nobres para os umbandistas como o sacrifício de animais. Leal de Souza, no seu livro *O Espiritismo, a Magia e as Sete Linhas da Umbanda* dá explicações sobre os rituais da Macumba e cita que uma das formas do pai de santo avaliar a boa incorporação era queimando pólvora nas mãos dos médiuns que nada deveriam sofrer se estivessem bem incorporados. Não havendo boa passividade mediúnica ocorria o castigo com a palmatória.

Para maiores detalhes encaminho o leitor para o meu livro *História da Umbanda no Brasil*.

Figura 31: Propaganda do jornal *Diário Carioca* da década de 1950 – Fonte: *http://obdigital.bn.br*

Figura 32: Pai de Santo da Macumba aplicando o castigo a uma médium que não deu boa incorporação – Fonte: Jornal ***Diário de Notícias*** de 1932 – Fonte: ***http://obdigital.bn.br***

Bailarina de macumba

Figura 33: Bailarina da Macumba (Samba) – Fonte: Jornal *Correio da Manhã*, 16/5/1937, n.13040 – Fonte: ***http://obdigital.bn.br***

Figura 34: Propaganda sobre um disco de Macumba – Fonte: Jornal *O Paiz*, 17/08/1930, n. 16736 – Fonte: *http://obdigital.bn.br*

Figura 35: Rótulo da cachaça *Macumba*

O Caboclo Mirim e os doze apóstolos

Diamantino Fernandes Trindade

No livro ***História da Umbanda do Brasil***, ao escrever sobre o Caboclo Mirim, houve uma falha que quero corrigir agora.

No dia 12 de Março de 1920, o médium Benjamim Gonçalves Figueiredo, incorporou, pela primeira vez, o Caboclo Mirim, Grande Mestre que veio para ensinar a Escola da Vida, que poucos conheciam na época. Após a sua chegada, o Caboclo Mirim anunciou que aquela seria a última sessão de Kardec e que as próximas sessões passariam a ser de Umbanda.

Quando citei o grupo que trabalharia com o Caboclo Mirim, omiti dois nomes. Então segue agora a relação dos doze membros, que seriam os doze apóstolos do Caboclo Mirim.

O grupo escolhido pelo Caboclo Mirim era formado por: José Nunes de Figueiredo Filho, Judith Gonçalves Figueiredo, Benjamim Gonçalves Figueiredo, Eugênia Gonçalves Figueiredo, Eduardo Gonçalves Figueiredo, Madalena Gonçalves Figueiredo, Hercílio Latino Gonçalves, Abgail Maria Gonçalves, Davi Latino Gonçalves, Benjamim Franklin Gonçalves, José Fróes e João da Mota Mesquita Filho.

Outro fato interessante é a divergência (não pessoal) de alguns expoentes da Umbanda da época conforme escreveu Jota Alves de Oliveira:[1] O fenômeno Umbanda se firmou de há 40 anos a esta data, segundo informações colhidas nos livros do

1 ***Magias da Umbanda***, Editora Eco, Rio de Janeiro, 1970.

conhecido jornalista João do Rio e, também, de Leal de Souza. Dos umbandistas antigos, entre eles o Capitão Pessoa, Zélio de Moraes, Benjamim Figueiredo, Tancredo da Silva Pinto e outros, há acentuadas divergências quanto às práticas umbandistas, seus fundamentos, suas variações ritualísticas etc.

O próprio Benjamim Figueiredo, apesar de ter sido preparado na Umbanda por Zélio de Moraes e o Orixá Malet, tinha concepções ritualísticas bem diferentes da fonte onde aprendeu. Na Tenda Mirim não eram usadas velas nem colares ritualísticos (guias). Benjamim Figueiredo se orgulhava de nunca ter trabalhado com Exu. Jota Alves de Oliveira, muito ligado a Benjamim Figueiredo, tinha uma visão bem radical e preconceituosa sobre Exu:

> Quem gostar de Exu, que trabalhe com ele, e quem não gostar que mande embora. Temos livre arbítrio que Deus nos concedeu para agirmos com a nossa vontade. Se Exu precisa evoluir, que reencarne e venha trabalhar no pesado.

O interessante é que mesmo sendo contra a presença de Exu nos terreiros, Benjamim Figueiredo e esposa frequentavam a residência de Dona Cacilda. Enfim!!!

Galeria de imagens

Figura 36: Leal de Souza (1913) – Fonte: Sonetos Brasileiros (edição completa) - Desenho de M. J. Garnier – Rio de Janeiro (RJ): F. Briguiet & Cie Editores – Fonte: *http://obdigital.bn.br*

Figura 37: Propaganda do Defumador das Sete Linhas – Revista *Careta*, n. 2319 (6/12/1959) – Fonte: *http://obdigital.bn.br*

Figura 38: Cuzeiro das almas na parte externa da Cabana de Pai Antonio – Fonte: *www.tendaespiritanspiedade.com.br*

Figura 39: Tenda Espírita de Umbanda Filhos de São Miguel Arcanjo – Rio de Janeiro (1970) – Acervo de Pai Juruá

Figura 40: Mesa de descarrego em um terreiro de Umbanda de Jacarepaguá – RJ (1970) – Acervo de Pai Juruá

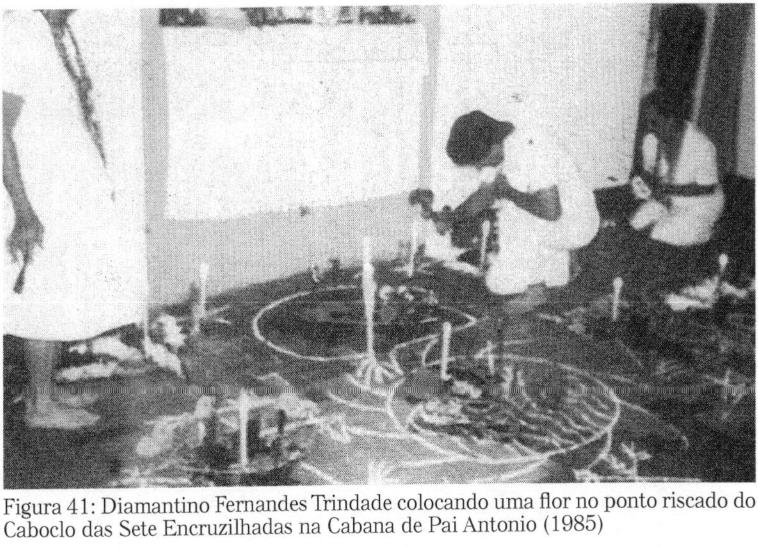

Figura 41: Diamantino Fernandes Trindade colocando uma flor no ponto riscado do Caboclo das Sete Encruzilhadas na Cabana de Pai Antonio (1985)

Figura 42: Capa do LP Seu Sete da Lira

Figura 43: Contracapa do LP Seu Sete Saracura cura minha dor

Figura 44: Capa do EP Musicas de cura da mesa de trabalho (Seu Sete da Lira)

Fé em Zambi e pé na estrada
Encomendo a minha gira a Sette Encruzilhadas
Se assim fôr,

Não terei mêdo, nem pavor.
Os inimigos terão olhos e não me verão
Terão bôca, não me falarão,
Terão mãos, não me ofenderão,
Terão pernas, não me alcançarão,
Pois eu vivo com Sette Encruza no meu coração.

Zambi na frente,
Exú na retaguarda
Quem abre meus caminhos
É o Exú das Sette Encruzilhadas da Lira.

Figura 45: Oração distribuída aos frequentadores da gira do Seu Sete da Lira em Santíssimo (década de 1970) – Acervo de Cristiam Siqueira

Figura 46: Portão de entrada da Lira – Acervo de Cristiam Siqueira

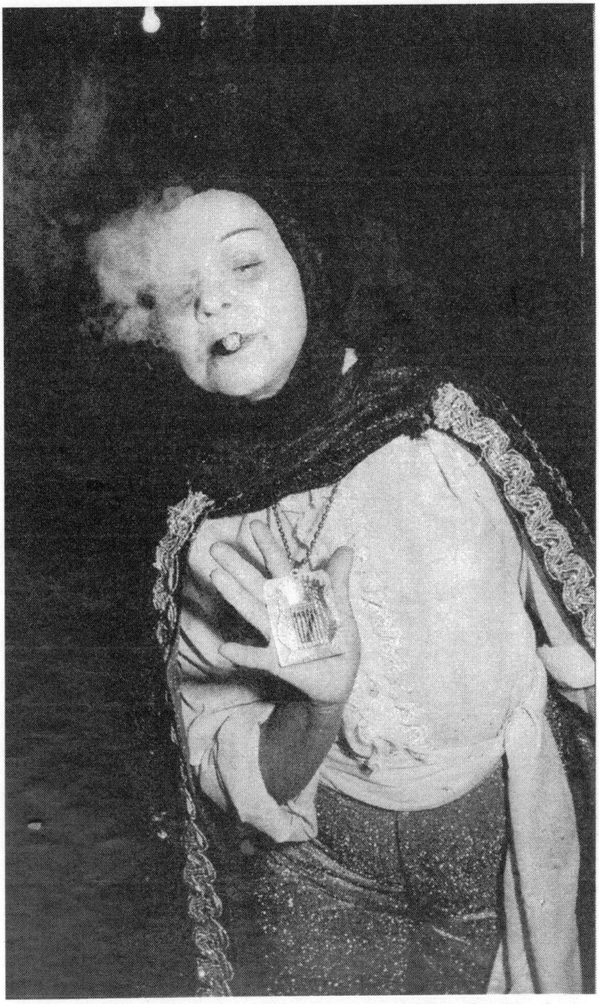

Figura 47: Seu Sete da Lira incorporado em Dona Cacilda de Assis – Fonte: Revista *Fatos e Fotos*, 14 de maio de 1979, n. 925

Figura 48: Lançamento da Emissão Especial – Umbanda – Sincretismo Religioso Brasileiro – Correios

Figura 49: Templo da sede da Tenda Espírita Mirim em 1970 – Fonte: Magias da Umbanda – Jota Alves de Oliveira

Figura 50: Foto do momento em que um médium recebia uma "chuva" de pequenos e delicados raios, correspondentes às vibrações do fluído magnético do Espírito Pai Tomé (Paraná) – Fonte: ***Magias da Umbanda*** – Jota Alves de Oliveira

Figura 51: Pombagira Audara Maria incorporada na médium Cacilda de Assis – Acervo de Cristiam Siqueira

Figura 52: Seu Sete da Lira e Flávio Cavalcanti em Santíssimo – Fonte: Revista *O Cruzeiro*, 09/09/1971

Sobre o organizador

Diamantino Fernandes Trindade é professor do curso de pós-graduação em História e Cultura Afro-Brasileira do Centro Universitário Salesiano (UNISAL).

Professor (aposentado) do Instituto Federal de Educação Tecnológica de São Paulo (IFSP) onde lecionou as disciplinas: Química, Fundamentos da Educação, Psicologia da Educação, História da Ciência e Epistemologia do Ensino.

Lecionou como professor emérito na Universidade Cidade de São Paulo e professor adjunto nas Faculdades Oswaldo Cruz, Universidade de Santo Amaro e Universidade de Guarulhos.

Pesquisador CNPq.

Pesquisador do Grupo de Estudos e Pesquisa em Interdisciplinaridade (GEPI) da PUC-SP.

Mestre em Educação pela Universidade Cidade de São Paulo.

Master Science in Education Science by City University Los Angeles.

Doutor em Educação pela PUC-SP.

Pós-Doutor em Educação pelo GEPI-PUCSP.

Autor de livros sobre Educação e Ciências: *A História da História da Ciência*, *Temas Especiais de Educação e Ciências*, *O Ponto de Mutação no Ensino das Ciências*, *Os Caminhos da Educação e da Ciência no Brasil*, *Leituras Especiais sobre Ciências e Educação*, *O olhar de Hórus: uma perspectiva inter-*

disciplinar do ensino da História da Ciência, Química Básica Teórica, Química Básica Experimental, Médicos e Heróis: os caminhos da Medicina brasileira desde a chegada da Família Real até as primeiras décadas da República e *Personagens da Ciência Brasileira.*

Autor de livros sobre Umbanda: *Umbanda e sua história, Umbanda Brasileira: um século de história, Umbanda: um ensaio de ecletismo, Iniciação à Umbanda, Os Orixás na Umbanda e no Candomblé, Manual do Médium de Umbanda, A construção histórica da literatura umbandista, Antônio Eliezer Leal de Souza: o primeiro escritor da Umbanda, Memórias da Umbanda do Brasil, Você sabe o que é Macumba? Você sabe o que é Exu?* e *História da Umbanda no Brasil.*

Past Master da Loja Maçônica Cavaleiros de São Jorge (Grande Oriente do Brasil).

Membro da Escola Superior de Guerra.

Médium do Templo de Umbanda Ogum Beira-Mar, dirigido por Edison Cardoso de Oliveira, entre 1981 e 1989.

Vice Presidente da Federação Umbandista do Grande ABC entre 1985 e 1989 e Membro do Conselho Consultivo do Superior Órgão de Umbanda do Estado de São Paulo no mesmo período.

Relator do Fórum de Debates: *A Umbanda e a Constituinte*, realizado na Assembleia Legislativa de São Paulo, em 1988.

Colunista do Jornal *Notícias Populares*, em 1989, escrevendo aos domingos sobre a história e os ritos da Umbanda.

Pesquisou a Umbanda e os cultos afro-brasileiros em diversos terreiros, visitando várias vezes a Tenda Nossa Senhora da Piedade e a Cabana de Pai Antonio onde conviveu com Zélia de Moraes e Zilméia de Moraes.

Dirigiu o Templo da Confraria da Estrela Dourada do Caboclo Sete Lanças entre 1993 e 1999.

Atualmente é sacerdote do Templo de Umbanda da Estrela Lilás (T.U.E.L.) - Cabana de Pai Benguela.

Sacerdote de Orunmilá-Ifá iniciado pelo Babálâwò Ifatoki Adekunle Aderonmu Ògúnjimi do qual recebeu o nome iniciático de Awo Ifasoya Ifadaisi.

Antonio Eliezer Leal de Souza

DIAMANTINO FERNANDES TRINDADE

Pouco se sabia até agora sobre a vida e a obra de Leal de Souza, brilhante escritor que teve papel de destaque no parnasianismo do início do século XX. Jornalista e crítico literário, lançou em 1925 o primeiro livro sobre umbanda, intitulado *No Mundo dos Espíritos,* em que relata um inquérito realizado nos centros espíritas e terreiros do Rio de Janeiro, durante um ano, bem como detalhes sobre sua ligação com Zélio de Moraes e a Tenda Nossa Senhora da Piedade. Sua segunda obra, ***O Espiritismo, a Magia e as Sete Linhas de Umbanda***, é no entanto a primeira a detalhar aspectos fundamentais da umbanda, a exemplo das ***sete linhas brancas*** e ***os orixás***, numa época em que era uma heresia falar sobre o assunto, pois tudo a respeito era considerado "macumba". A iniciativa valeu-lhe então o mérito de "precursor de um ensaio de codificação" da umbanda.

Leal de Souza fazia parte do círculo literário de Olavo Bilac, Alcides Maya, Humberto de Campos, e outros baluartes da literatura brasileira. Como espírita, entrou para a história das religiões como o primeiro escritor umbandista. Nesta obra, que dá prosseguimento ao resgate histórico das memórias da umbanda, o professor e pesquisador Diamantino Fernandes Trindade desvela a dedicação de Leal de Souza à espiritualidade, especialmente como praticante admirável e defensor ardente desta religião, chamada no início do século de ***Espiritismo de Terreiro***, bem como sua brilhante carreira como poeta e jornalista. Mesmo após o desencarne, em 1948, Leal de Souza continua atuando na sustentação da umbanda. Nestas memórias, o leitor poderá conhecer poemas publicados pelo escritor em livros e revistas, quando em vida, e ter acesso ao belíssimo poema ***Morte e Encarnação***, ditado por ele a Chico Xavier, após o desencarne.

HISTÓRIA DA UMBANDA NO BRASIL - VOL. 2
foi confeccionado em impressão digital, em julho de 2025
Conhecimento Editorial Ltda
(19) 3451-5440 — conhecimento@edconhecimento.com.br
Impresso em Luxcream 70g, StoraEnso